閻錫山故居所藏第二戰區史料

第二戰區
抗戰大事記
（1939-1941）

Historical Documents of the Second Theater
in the Yan Hsi-shan's Residence

The Daily Records of the Second Theater

in the Second Sino-Japanese War,

1939-1941

編序

呂芳上
民國歷史文化學社社長

一

　　閻錫山，字伯川，光緒 9 年（1883）生於山西五臺縣河邊村。先入山西太原武備學堂，後東渡日本，進入東京振武學校就讀，步兵第三十一聯隊實習，再至日本陸軍士官學校攻研。在東京時，因結識孫中山，而加入中國同盟會，從事革命工作。畢業後，返回山西，擔任山西陸軍小學教官、監督，新軍第二標教官、標統。辛亥革命爆發後，10 月 29 日，領導新軍發動起義，呼應革命，宣布山西獨立。

　　閻錫山自民國元年（1912）擔任山西都督起，歷任山西督軍、山西省長。國民政府北伐以後，更於民國 16 年（1927）6 月舉旗響應，擔任過國民革命軍北方總司令、國民政府委員、第三集團軍總司令、中國國民黨中央政治會議太原分會主席、軍事委員會委員、平津衛戍司令、內政部部長、蒙藏委員會委員長、中國國民黨中央執行委員、陸海空軍副總司令、軍事委員會副委員長、太原綏靖主任等職。

　　抗戰爆發，軍事委員會為適應戰局，劃分全國各接戰地帶，實行戰區制度，閻錫山於民國 26 年（1937）8 月 11 日就任第二戰區司令長官，統率山西軍民對抗

II

閻錫山故居所藏第二戰區史料 **第二戰區抗戰大事記**（1939-1941）
Historical Documents of the Second Theater in the Yan Hsi-shan's Residence
The Daily Records of the Second Theater in the Second Sino-Japanese War, 1939-1941

日軍侵略，雖軍力落差，山西泰半淪陷，但閻錫山幾乎
都坐鎮在司令長官部，民國 38 年（1949）接掌中央職
務之前，沒有離開負責的防地。

　　抗戰勝利後，閻錫山回到太原接受日本第一軍司令
官澄田睞四郎的投降，擔任山西省政府主席、太原綏
靖公署主任。民國 38 年（1949）6 月，在風雨飄搖中
接任行政院院長，並兼任國防部部長，從廣州、重慶、
成都到臺北，締造個人政治生涯高峰。39 年（1950）
3 月，蔣中正總統復行視事，政局穩定後，率內閣總
辭，交棒給陳誠。

　　從辛亥革命起，閻錫山在山西主持政務，既為地方
實力派人物，矢志建設家鄉，故嘗大力倡導軍國民主
義，推行六政三事，創立村政，推動土地改革、兵農合
一等制度，力圖將山西建立為中華民國的模範省。此期
間，民國政治雲翻雨覆，未步軌道，許多擁有地方實權
者，擅於玩弄權力遊戲，閻氏亦不能例外。

　　民國 39 年（1950）3 月，閻錫山卸下閣揆後，僅
擔任總統府資政，隱居於陽明山「種能洞」。在人生中
的最後十年，悉心研究，著書立說。民國 49 年（1960）
5 月病逝，葬於陽明山故居之旁。

二

　　閻錫山一向重視個人資料之庋藏，不只廣為蒐集，
且善加整理保存。其個人檔案於民國 60 年（1971）移
交國史館以專檔保存，內容包括「要電錄存」、「各方
往來電文」、日記及雜件等，均屬民國歷史重要研究材

料。民國 92 年（2003）國史館曾就閻檔 27 箱，選擇
「要電錄存」，編成《閻錫山檔案》十冊出版，很引起
學界重視。這批史料內容起於民國元年（1912）迄於民
國 15 年（1926），對 1910 年代、1920 年代北京政局
變換歷史的了解，很有幫助。

　　民國歷史文化學社致力於民國史史料的編纂與出
版，近年得悉閻錫山在臺北故居存有閻錫山先生所藏親
筆著作、抗戰史料、山西建設史料等豐富典藏，對重構
民國時期山西省政輪廓，尤見助益，本社遂極力爭取，
進而出版以嘉惠士林。民國 111 年（2022），本社承臺
北市政府文化局與閻伯川紀念會之授權，首先獲得機會
出版「閻錫山故居所藏第二戰區史料」叢書，內容包含
抗戰時期第二戰區重要戰役經過、第二戰區的經營、第
二戰區重要人物錄、第二戰區為國犧牲軍民紀實，以及
第二戰區八年的大事記等，均屬研究第二戰區與華北戰
場的基本重要資料。

三

　　最近幾年海峽兩岸競相出版抗戰史料，對抗戰史之
研究，雖有相當幫助，但許多空闕猶待彌補，即以戰區
設立為例，是政府為考量政治、補給、戰略與戰術需要
而設立的制度，初與軍委會委員長行營並行，其規模與
人事，常隨著時局、情勢有所變動。民國 26 年（1937）
8 月設有第一至第九戰區、一個綏靖公署，次年 8 月後
調整為第一至第十戰區，另設兩個游擊戰區、一個行
營。其所轄地域、人事異動、所屬軍系，中央與戰區的

IV 閻錫山故居所藏第二戰區史料 **第二戰區抗戰大事記**（1939-1941）
Historical Documents of the Second Theater in the Yan Hsi-shan's Residence
The Daily Records of the Second Theater in the Second Sino-Japanese War, 1939-1941

複雜關係，戰區與戰區間的平行互動，甚至戰區與中共、日敵、偽軍之間的詭譎往來，尤其是戰區在抗戰時期的整體表現，均可由史料的不斷出土，獲致進一步釐清。

「閻錫山故居所藏第二戰區史料」的出版，不只可以帶動史學界對第二戰區的認識，而且對其他戰區研究的推進，甚而整體抗日戰史研究的深化，均有一定意義。這正是本社出版這套史料叢書的初衷。

編輯說明

　　《第二戰區抗戰大事記》收錄閻錫山故居庋藏「第二戰區抗戰大事記」與「第二戰區抗戰大事表」,由第二戰區司令長官司令部現代化編譯組負責編纂。資料內容起自民國 26 年 7 月 7 日蘆溝橋事變當天,終至民國 34 年 7 月 2 日。每份原稿,均是由前一年度的 7 月 7 日,至後一年度的 7 月 6 日,幾乎完整記錄了抗戰八年第二戰區的歷程。

　　本社特將八年份的大事記,以兩年為一本,分成 1937-1939、1939-1941、1941-1943、1943-1945,共四本出版,並保留原件的日期模式。

　　原件大事記為表格形式,分「二戰區」、「國內」、「國際」三個欄位,記錄當天第二戰區的重要情勢,以及編譯組認為重要的國內與國際消息。本書出版時,則將表格欄位簡化,改以條列表示。

　　為保留原稿抗戰時期第二戰區的視角,書中的「奸」、「逆」、「偽」等用語,予以維持,不加引號。

　　書中或有烏焉成馬,也一概如實照錄,不加修改。例如浙江、廣東等地的地名,或外國的人名、地名,偶見有謄錄錯誤之處,或可窺見身處山西克難坡窰洞中的編譯組成員們,對外界的理解。

　　此外,為便利閱讀,部分罕用字、簡字、通同字,

VI | 閻錫山故居所藏第二戰區史料 **第二戰區抗戰大事記**（1939-1941）
Historical Documents of the Second Theater in the Yan Hsi-shan's Residence
The Daily Records of the Second Theater in the Second Sino-Japanese War, 1939-1941

在不影響文意下，改以現行字標示。原稿無法辨識，或因年代久遠遭受蟲蛀、汙損的部分，以■表示。原稿留空處，則以□表示。長官閱覽時的批註，以〔〕表示。編輯部的註解，則以【】表示，如當日未記錄任何內容，註明【無記載】。

　　以上如有未竟之處，尚祈方家指正。

目錄

ii 閻錫山故居所藏第二戰區史料 **第二戰區抗戰大事記**（1939-1941）
Historical Documents of the Second Theater in the Yan Hsi-shan's Residence
The Daily Records of the Second Theater in the Second Sino-Japanese War, 1939-1941

原序

第二戰區司令長官司令部現代化編譯組

　　古之作史者，紀、傳、志、表並重。蓋紀所以辨系統，記本末；傳所以著人物，彰言行；志所以誌典章，明因革；至於表者，則以時為經，舉要提綱，綜合而誌其概略者也。文簡而明，事賅而詳，綱舉目張，稽考便利，乃其所長。如世表、年表、月表皆其彰彰著者。歐美史籍，亦重斯義，或製專冊，或附編末，學者每認為治亂理棼，比較參照之要具。抗戰以來，二戰區內之一切演變，皆極繁劇，雖曰各有專編載記，而卷秩較繁，驟難尋繹，故大事表之作，誠不容緩。本表起自雙七事變，以第二戰區為主體，舉凡有關抗戰之設施事蹟，無論軍政、民運，咸逐日擇要記入。另附國內、國際兩聯，擇其尤要者而記之，以便參照。庶幾展卷瞭然，可觀其會通焉。

民國 28 年（1939）

7 月 7 日

二戰區

　　興集各界舉行抗戰建國二週年紀念暨抗戰陣亡將士及死難同胞追悼大會。

　　沿沁翼公路東犯敵二、三千侵入隆化鎮。

　　我機二十餘架飛臨汾投彈。

　　晉東我軍收復遼縣。

　　安澤、浮山敵二千餘東犯陷沁源。

國內

　　蔣委員長發表「告世界友邦書」、「告日本民眾書」、「告全國軍民書」，並向戰地民眾播講、通電慰問陣亡將士家屬。

　　我空軍飛粵北從化之神崗投彈，斃傷敵兵多人。

國際

　　德政府召集未曾服役公民入伍受訓。

7 月 8 日

二戰區

　　沁翼公路之敵，繼犯沁水，我軍在沁水西郊猛烈抵抗後，放棄縣城。沁水縣被敵侵入。

　　晉西大武敵三百餘向我楊家會、天神頭一帶防地進犯，被斃傷百餘。

國內

　　浙沿海敵艦在玉環、六橫兩島強行登陸，與我守軍

閻錫山故居所藏第二戰區史料 **第二戰區抗戰大事記**（1939-1941）
Historical Documents of the Second Theater in the Yan Hsi-shan's Residence
The Daily Records of the Second Theater in the Second Sino-Japanese War, 1939-1941

激戰。

國際

　　波蘭官方聲明但澤決不能與波脫離。

　　英、法、蘇締結三國協定事復在莫斯科進行談話。

7月9日

二戰區

　　沁翼公路與白晉路沿線敵我展開血戰，屯留縣城被
敵侵入。

　　晉南我軍連日向虞鄉、解縣一帶之敵襲擊，頗有
斬獲。

國內

　　浙敵艦再犯玉環，我軍猛烈抵抗。

國際

　　但澤發生事件兩起，德軍開抵捷、波邊境。

　　滿、蒙邊境之諾蒙坎一帶日、蘇衝突益劇。

7月10日

二戰區

　　豫北博愛敵四、五千，沿晉博公路北犯，在欄車鎮
以南地區，被我斃傷千餘。

　　晉東我軍收復榆社。

國內

　　浙東玉環登陸殘敵被我肅清。

7 月 11 日

二戰區

晉東南我軍克復武鄉。

白晉路敵一股侵入襄垣。

和順西楊光占敵千餘南竄，侵入遼縣，途經我軍伏擊，斃傷數百。

7 月 12 日

二戰區

白晉路敵與洪屯公路敵相會，侵入長治縣城。

襄垣經我軍反攻克復。

國內

粵北我軍出擊，在花縣附近，斃傷四、五百。

國際

蘇蒙軍公佈自本月六日至十二日滿、蒙邊境激戰結果，日偽傷亡五千五百餘，日機共被擊落一九九架。

7 月 13 日

二戰區

沁水西北，敵我劇戰。

長治敵東犯侵入壺關。同時白晉路夏店敵一部竄陷潞城。

聞喜附近我軍向城東香山寺之敵襲擊。

國內

十三世達賴轉生後身在青海尋獲，達賴繼承問題解決。

6 　閻錫山故居所藏第二戰區史料 **第二戰區抗戰大事記**（1939-1941）
Historical Documents of the Second Theater in the Yan Hsi-shan's Residence
The Daily Records of the Second Theater in the Second Sino-Japanese War, 1939-1941

7月14日

二戰區

沁水西北方面，敵我劇戰三晝夜結果，敵軍被殲二千餘。

長子縣城被敵侵入。

沁翼公路南敵軍一支侵入董封。

夏縣敵三、四百向東北大洋村竄擾，被我軍包圍，激戰一晝夜，斃傷敵百餘。

陽曲敵二千餘犯小店王莊，我軍一營被圍，損傷稍鉅。

7月15日

二戰區

沁翼公路敵侵入陽城。

白晉路北段南關鎮一帶敵三千餘南犯陷權店、故城鎮、石盤鎮等地，旋我軍反攻收復。

國際

英、日在東京舉行談判，討論英國在華權益問題。

7月16日

二戰區

沁水、陽城一帶敵三千餘強渡沁河向高平、晉城進犯。

晉西北我軍進襲靜樂東之宋家莊，斃敵七十餘。

國內

綏遠敵三百餘沿包五公路西犯，與我軍在小廟子一

帶激戰。

國際

日本國內反英運動益劇。

7 月 17 日

二戰區

我軍大舉向沁翼公路之敵反攻,激戰終日,克復南陽村等據點。

陽城西董封鎮附近之敵二千餘被包圍痛擊。

國內

粵我軍克復潮安。

綏遠沿包五公路西犯之敵被我軍在西山咀東擊退。

國際

英首相張伯倫就遠東時局發表聲明,謂英外交政策,不容他國干涉。

7 月 18 日

二戰區

長治南犯敵二、三千侵入高平。

沿晉博公路北犯之敵四、五千侵入晉城。

董封附近敵我激戰一晝夜,殲敵六、七百。

五台敵千餘進犯窯頭與我軍展開激戰。

國內

敵大舉反攻潮安,我軍退守城郊。

國際

暹羅受敵唆使大舉排華,逮捕我愛國同胞,搜查我

8   閻錫山故居所藏第二戰區史料 **第二戰區抗戰大事記**（1939-1941）
Historical Documents of the Second Theater in the Yan Hsi-shan's Residence
The Daily Records of the Second Theater in the Second Sino-Japanese War, 1939-1941

銀行，封閉我學校。

7月19日
二戰區

本戰區全線開始夏季攻勢。

晉西我軍向汾城之西王村進擊。

晉東南我軍克復董封鎮（陽城西），殘敵沿董陽大道東竄。

沁水東鄭莊敵千餘渡過沁河侵入端氏。

7月20日
二戰區

進擊汾城西王我軍與敵數百激戰終夜，斃其官兵數十。

五台、窰頭一帶敵我相持兩晝夜，我以糧彈告絕，略向後轉移。

7月21日
二戰區

晉東南我軍反攻陽城。

7月22日
二戰區

侵入晉城之敵分三路東犯陵川。

晉東南高長、晉高大路之敵開始撤退。

黑龍關敵百餘西竄被擊退。

國際

德、蘇開始商業談判。

德國佔領但澤。

7 月 23 日

二戰區

沁縣、虒亭間敵二、三千，分股向史北鎮以北之王家溝、老窰科進犯被擊退。

7 月 24 日

二戰區

晉南我軍分襲張店、段村與敵搏戰徹夜。

國內

蔣總裁發表重要演說，謂我國抗戰政策，「在經濟上是自立更生，在軍事上是獨立作戰」。

豫南敵數千犯明港與我軍發生激戰。

國際

英駐日大使與日外相簽訂備忘錄。

7 月 25 日

二戰區

晉東南我軍攻克陽城。

我游擊部隊在長子附近伏擊，斃敵三十餘。

晉南我軍猛襲清華鎮。

國內

我外部發表聲明對英日東京會談中所簽訂備忘錄，

10   閻錫山故居所藏第二戰區史料 **第二戰區抗戰大事記**（1939-1941）
Historical Documents of the Second Theater in the Yan Hsi-shan's Residence
The Daily Records of the Second Theater in the Second Sino-Japanese War, 1939-1941

表示不滿。

鄂我軍攻佔崇陽。

滇緬公路，全部告竣，正式通車。

豫南敵陷明港。

國際

美國務卿赫爾發表談話，謂美不變對遠東態度。

7月26日

二戰區

晉東南我軍攻克沁水。

我軍襲汾城與敵激戰徹夜。

遼縣敵五百餘向城南東塞進犯被我擊潰。

國內

鄂我軍一度攻克汀泗橋。

豫南花菓庵（桐柏東北）附近，我擊斃敵軍數百。

7月27日

二戰區

沁縣敵三千餘，分南北兩路向我專署所在地之古縣鎮、松交進犯，正與我軍激戰中。

陝、綏邊境我軍向綏西大樹灣出擊。

國內

豫南敵分犯泌陽。

國際

美國宣布廢止一九一一年與日所訂之友好通商航海條約。

英首相張伯倫在下院演說不變更遠東政策。

7 月 28 日
二戰區

夏縣敵分犯傅家斜、文德南北山底，陷之。

晉東南我軍乘雨夜襲壺關，一度衝入城內。

國際

德、日簽訂商務協定。

美宣佈廢止美日商業。

7 月 29 日
二戰區

晉東南我軍連日積極反攻，將敵擊潰，沁河東岸，已無敵踪。

夏縣傅家斜一帶敵續犯劉家溝，被我軍痛擊潰退。

7 月 30 日
二戰區

洪屯公路以北之敵，大部被我肅清。

我軍在虎亭（沁縣南）東，截擊搶糧之敵，斃傷其官兵三十餘人。

7 月 31 日
二戰區

晉東南我軍由高平向蔭城鎮挺進，敵大部竄退長治。

國內

豫東我軍連日向淮陽城郊之敵進攻，斬獲甚眾。

12 | 閻錫山故居所藏第二戰區史料 **第二戰區抗戰大事記**（1939-1941）
Historical Documents of the Second Theater in the Yan Hsi-shan's Residence
The Daily Records of the Second Theater in the Second Sino-Japanese War, 1939-1941

8月1日

二戰區

我軍攻克長子。

晉東南我軍夜襲壺關。

晉西我軍分別向汾離公路敵軍各據點反攻。

國內

我空軍一隊飛粵，轟炸南海、九江一帶敵陣，頗予重創。

豫南信陽以西，敵我劇戰。

8月2日

二戰區

晉西我軍夜襲白家莊（離石西）碉堡之敵，衝入堡內，斃傷敵數十。

我軍克復安澤、屯留間之良馬，截斷洪屯間敵軍連絡。

國內

豫南我軍攻克明港。

8月3日

二戰區

汾城敵步騎八百餘附山砲十門，出城向西南高莊一帶進犯，被我擊退，斃傷敵四十餘。

國內

豫南我軍克復明港後，續向長台關掃蕩。

8月4日
二戰區

晉東南我軍圍攻晉城。

國內

敵機襲渝，英、法、德領署遭損害。

8月5日
二戰區

晉西我軍夜襲金羅鎮賀家塔，衝入敵指揮部內，斃敵十餘。

洪屯公路沿線我軍猛烈攻擊，復克復二時城。

國內

豫、鄂間桐柏山南麓，敵我交錯混戰。

8月6日
二戰區

晉南我軍猛襲張店。

晉西大武附近敵向我軍防地進犯，被夾擊，斃傷數百人。

晉西我軍襲擊汾陽縣城，一度衝入北關，斃敵數十。

國內

敵機十八架狂炸宜昌，英商輪兩艘被炸毀。

8月7日
二戰區

中離公路各據點之敵，經我軍連日襲擊，狼狽不堪。

14　闇錫山故居所藏第二戰區史料 **第二戰區抗戰大事記**（1939-1941）
Historical Documents of the Second Theater in the Yan Hsi-shan's Residence
The Daily Records of the Second Theater in the Second Sino-Japanese War, 1939-1941

晉東南殘敵復形蠢動，一部佔潞城，我軍正分頭痛擊。

國內

敵機二十五架狂炸漳州縣城，美國美以美會被燬。

偽西北邊防軍高（振興）、朱（兆襃）兩師在綏包頭附近反正。

8月8日

二戰區

沁翼公路沿線敵二、三千與我軍激戰，我軍佔領窰頭。

敵軍大舉向沁源、韓洪我軍主力及專署所在地進犯。

豫北敵侵入東陽關，並陷黎城縣城。

國內

犯鄂北敵軍總退卻。

8月9日

二戰區

敵軍數千由浮山東犯，沁水縣城，再陷敵手。

晉西我軍在離石北王家山、瓦窰間設伏，斃傷敵六、七十人。

汾西、萬安敵三百餘向我磊上防地進犯被擊退。

國內

鄂北我軍克復安居，斃敵二百餘。

8 月 10 日

二戰區

　　沁翼公路以南地區，我軍大舉反攻，在張馬、西關附近激戰兩晝夜，斃敵八百餘。

8 月 11 日

二戰區

　　晉城敵獲援後，以三千餘眾，向仍侯山（晉城西北）我軍陣地猛犯。

　　綏西敵七、八百，飛機八架，向我大樹灣附近防地進犯，被擊退。

　　沁源縣城經我收復。

國內

　　鄂南我軍夜襲汀泗橋，將敵司令搗毀。

　　天津英當局決將程案四同胞移交偽法庭。

國際

　　英、法軍事代表團抵莫斯科。

8 月 12 日

二戰區

　　沁縣沁源間敵我激戰六、七日，雙方傷亡均重，我陣地略向南移。

國內

　　鄂西潛江一帶之敵，經我軍不斷襲擊，傷亡奇重。

國際

　　德派員赴莫斯科注視三國參謀會議。

閻錫山故居所藏第二戰區史料 **第二戰區抗戰大事記**（1939-1941）
Historical Documents of the Second Theater in the Yan Hsi-shan's Residence
The Daily Records of the Second Theater in the Second Sino-Japanese War, 1939-1941

8月13日

二戰區

晉城附近敵我激戰三日，斃傷敵三、四百，我軍轉移於稽家山一帶。

沁水敵繼續東犯，侵入長子。

我機飛運城炸敵。

國內

蔣委員長發表告上海同胞書。

贛南昌敵猛犯天王渡我軍陣地。

國際

德實行總動員，德、義談判結束。

8月14日

二戰區

晉東我軍進擊潞城。

晉南二十嶺敵竄陷陌南鎮。

晉西我軍向盤據雙池鎮之敵進攻。

國內

贛犯天王渡敵，經我軍猛烈抵抗，不支潰退。

8月15日

二戰區

壺關敵六百餘南犯侵入固村店。

臨晉偽軍姚喜來率部反正。

國際

英、日東京談判陷於停頓。

8 月 16 日
二戰區

晉東南我游擊部隊在長治之太義鎮伏擊由高平北竄敵，斬獲百餘。

國內

粵寶安縣附敵軍千餘登陸，我團隊正猛烈抵抗。

粵寶安登陸之敵竄抵深圳，與英軍隔界對峙。

8 月 17 日
二戰區

雙池鎮（靈石西）經我軍圍攻三日克之，共斃敵三百餘，旋敵增援千餘反攻，我軍又撤出。

國內

豫淮陽、杞縣敵七、八百向我軍駐地進犯，被斃傷過半。

國際

英政府決定以三百萬鎊貸華。

8 月 18 日
二戰區

靜樂敵千餘西犯侵入嵐縣。

敵機十餘架飛垣曲附近渡口偵炸。

國內

湘北我軍夜襲臨湘、羊樓司間之五里牌，激戰徹夜，斃敵數百。

閻錫山故居所藏第二戰區史料 **第二戰區抗戰大事記**（1939-1941）
Historical Documents of the Second Theater in the Yan Hsi-shan's Residence
The Daily Records of the Second Theater in the Second Sino-Japanese War, 1939-1941

國際

德要求波蘭歸還走廊。

8月19日

二戰區

晉東南我軍總攻晉城，迫近城郊。

侵入嵐縣之敵，分股向城西南竄擾，連陷東村鎮與普明鎮。

國內

粵敵千餘由江門西犯，陷杜阮。

國際

德、蘇簽訂商務協定。

8月20日

二戰區

晉東南我軍攻克晉城及天井關。

國內

粵由江門西犯敵，遭我逆襲潰退。

8月21日

二戰區

晉東南我軍進攻高平。

晉西北我軍收復嵐縣。

國內

粵我軍猛攻江門，斃傷敵數百。

8 月 22 日
【無記載】

8 月 23 日
二戰區

晉東南我軍克復高平。

國際

德、蘇簽訂互不侵犯條約。

8 月 24 日
二戰區

夏縣尉郭敵遭我伏擊，斃傷數十。

國內

粵我軍襲擊增城，斃敵四百餘。

國際

英、波成立互助協定，英、法代表自蘇返國。

8 月 25 日
二戰區

沁縣敵分三股向武鄉進犯。

國際

美總統羅斯福向德、波元首呼籲和平。

8 月 26 日
二戰區

沁縣漳源鎮敵二千餘分路進犯武鄉被我擊潰，斃傷

20 | 閻錫山故居所藏第二戰區史料 **第二戰區抗戰大事記**（1939-1941）
Historical Documents of the Second Theater in the Yan Hsi-shan's Residence
The Daily Records of the Second Theater in the Second Sino-Japanese War, 1939-1941

二百餘。

國際

　　德元首希特勒向英提出和平計劃，要求但澤歸德、英撤銷對波保證。

8月27日

二戰區

　　晉西大武鎮一帶增敵千餘，漸向西北方面蠢動。

8月28日

二戰區

　　晉東南我軍正掃蕩晉城、高平附近殘敵，連克八義鎮等據點。

　　夏縣敵數百東犯侵入李家峪、吳家峪。

國內

　　蔣委員長就最近國際形勢發表談話，謂決以不變之方針，應付瞬息萬變之時局。

國際

　　日平沼內閣總辭職。

8月29日

二戰區

　　晉西敵數千集結汾陽，圖犯柳林。

　　晉西北敵千餘由神朔分犯利民堡、八角堡，被我軍擊退。

　　夏縣東犯之敵經我軍反擊，斃傷百餘，殘部退集文

德村。

國際

日阿部信行奉命組閣。

法下令封鎖德、法邊境。

張伯倫宣佈決心作戰到底。

8 月 30 日

二戰區

晉東南我軍攻佔鮑店（長子北）。

敵機三架飛晉西北五寨、岢嵐等地偵炸。

敵軍二千餘被我包圍於橫嶺關附近。

國際

波蘭頒布總動員令。

8 月 31 日

二戰區

晉東南我全線總攻，在長治南蘇店鎮、信義村一線，與敵激戰。

橫嶺關附近被我包圍之敵，數度以飛機掩護，志圖突圍，均未得逞。

國內

湘北我出擊部隊在桃林附近，殲敵數百。

22 | 閻錫山故居所藏第二戰區史料 **第二戰區抗戰大事記**（1939-1941）
Historical Documents of the Second Theater in the Yan Hsi-shan's Residence
The Daily Records of the Second Theater in the Second Sino-Japanese War, 1939-1941

9月1日

二戰區

　　長治附近之敵，經我猛擊，退集城內，我軍正向該城圍攻。

　　趙城、萬安敵八百餘，西犯侵入劉家垣。

　　晉東南我軍攻佔屯留。

國際

　　德軍分三路向波蘭進攻，但澤市與德合併。

9月2日

二戰區

　　長治敵反攻蘇店與我激戰半日，終未獲逞。

　　汾陽敵千餘循離磧公路西犯，竄抵王老婆山附近。

　　晉西北寧武一帶敵千餘侵入五寨。

國際

　　英、法對德提出最後通牒，促德立即停止侵波。

9月3日

二戰區

　　全國慰勞抗戰將士委員會總會北團代表在興集舉行對第二戰區贈旗典禮。

　　晉西離磧公路之敵竄抵柳林附近，我軍轉入公路兩側襲擊。

國內

　　鄂中敵數千由黃陂東犯黃安，被我擊潰。

國際

英宣布對德已入戰爭狀態。

德拒絕英、法通牒。

9月4日

二戰區

中陽敵千餘南竄萬年堡，續犯留譽，我軍正分頭邀擊。

晉西柳林附近我敵激戰。

晉東南我軍繼續圍攻長治、長子。

國內

湘北我軍在臨湘附近設伏殲敵四百餘。

國際

法宣布對德已入戰爭狀態。

美、蘇、日宣告中立。

法、波簽訂同盟條約。

9月5日

二戰區

汾、離西犯敵竄抵軍渡。

國內

粵我軍一度衝入潮安城內。

國際

義聲明暫守中立。

24
閻錫山故居所藏第二戰區史料 **第二戰區抗戰大事記**（1939-1941）
Historical Documents of the Second Theater in the Yan Hsi-shan's Residence
The Daily Records of the Second Theater in the Second Sino-Japanese War, 1939-1941

9月6日

二戰區

　　汾城敵八、九百向鄉寧進犯，侵入關王廟。

　　晉東南我軍圍攻長子，薄西、南兩關，敵增援反攻，戰況至烈。

國內

　　粵援增城敵，被我迭次猛攻，傷亡千餘。

　　閩我軍乘浪渡海克復平潭縣城。

　　粵我軍克復三江。

國際

　　比國宣告中立。

　　南非聯邦對德宣戰。

　　波蘭遷都盧布林。

　　日向英、美、法、德、波提議撤退在華駐軍。

9月7日

二戰區

　　晉西我軍克復軍渡。

　　晉東南長子附近之敵，連日被我殲滅者達千餘。

　　汾城西犯之敵，經我軍在關王廟、野頭等處截擊，斬獲數百，不支潰退。

　　敵機六架炸嵐縣。

國內

　　冀南我軍攻入南樂縣。

9月8日

二戰區

晉西我軍三面圍攻柳林、磧口。

我空軍一隊飛解縣、塩池一帶，炸敵糧彈積結處。

豫北涉縣敵二千餘西犯陷東陽關、黎城，向長治一帶增援。

敵機數架炸岢嵐。

國內

國府公布鞏固金融辦法綱要。

國際

德軍包圍波京華沙。

9月9日

二戰區

晉西柳林敵突圍，經我堵擊，未逞。

沁翼公路南側我軍在石中凹、張馬村一帶圍殲軍千餘。

國內

粵敵大舉進犯中山。

粵我軍克復從化城。

國際

波又遷都羅夫。

9月10日

二戰區

晉東南壺關敵千餘，出城反攻，被我誘東歸村（壺

26 | 閻錫山故居所藏第二戰區史料 **第二戰區抗戰大事記**（1939-1941）
Historical Documents of the Second Theater in the Yan Hsi-shan's Residence
The Daily Records of the Second Theater in the Second Sino-Japanese War, 1939-1941

關東南）附近，圍殲數百。

汾南敵四千餘會犯稷王山。

國內

湘北我軍向臨湘、羊樓司間之敵進攻，斬獲甚眾。

國際

加拿大對德宣戰。

9月11日

二戰區

汾城敵五、六百再向鄉寧進犯。

壺關敵再增援反攻，並施放大量毒氣，我軍略向後
轉移。

國內

敵機四十五架襲川境等地。

粵我軍向困守花縣之敵進攻，一度衝入城內。

魯南我軍克復郯城。

9月12日

二戰區

由汾城進犯鄉寧之敵，被我擊退。

靈石、雙池、汾西、勍香敵向西蠢動，圖犯隰縣。

沁源敵沿沁河南犯，侵入和川、府城兩鎮。

國內

日政府發表任陸軍大將西尾壽造為在華日軍總司
令，板垣中將為在華日軍總參謀長。

國際

英法最高軍委會在法境舉行首次會議，英首相張伯倫與法總理達拉第均參加。

9 月 13 日
二戰區

晉東南長子、壺關城內敵各以千餘向我反攻，均被擊退。

國內

湘北我攻擊忠坊、羊樓司部隊，連日殲敵達八百餘。

國際

法內閣改組為戰時內閣總理達拉第兼外長。

9 月 14 日
二戰區

壺關敵增至四千餘，以一部千餘向縣南我軍反攻，雙方激戰甚烈。

靈石之雙池鎮，經我軍反攻克復。

國內

鄂南我軍三度收復通山。

滬敵當局邀請美、英、法、義四國駐軍司令開會，企圖變更上海現行防區制。

國民參政會第四次會議在渝開幕。

28 | 閻錫山故居所藏第二戰區史料 **第二戰區抗戰大事記**（1939-1941）
Historical Documents of the Second Theater in the Yan Hsi-shan's Residence
The Daily Records of the Second Theater in the Second Sino-Japanese War, 1939-1941

9月15日

二戰區

洪屯路敵大施活動，圖向長子增援，我軍正分頭襲擊，激戰府城、川口一帶。

國內

粵我軍反攻中山，克復張家邊一帶各據點。

贛敵千餘向奉新、高安附近我軍陣地進犯，我軍正分頭迎擊中。

9月16日

二戰區

長治、長子敵二千餘向屯留轉移。

國際

日、蘇成立協定，停止蒙邊衝突。

9月17日

二戰區

我軍在猗氏北之石家莊、新興莊一帶設伏，斃傷敵官兵百餘人。

國際

蘇聯紅軍開入波境。

9月18日

二戰區

稷王山我軍與敵激戰六、七日，一部突圍轉移於汾河北岸。

國內

國民參政會第四次大會閉幕，通過請政府明令定期召集國民大會、製定憲法、實行憲政案。

豫我軍攻佔蘭封縣城及車站，燒敵司令部與兵站倉庫。

9 月 19 日

國內

湘北敵集結萬餘南犯，經我阻擊，未逞。

國府公布「縣各級組綱要」。

9 月 20 日

二戰區

安澤府城鎮敵千餘東犯，竄抵三不管、香木瑙之線。

浮山敵千餘由西屋屋嶺（浮山東北）竄陷馬壁（沁源東北）。

國內

鄂南我軍進攻通城。

敵機三十六架襲西安。

國際

關於蘇聯進兵波蘭事，英、法向蘇提出抗議。

9 月 21 日

二戰區

晉東南我軍克復壺關。

30　閻錫山故居所藏第二戰區史料 **第二戰區抗戰大事記**（1939-1941）

Historical Documents of the Second Theater in the Yan Hsi-shan's Residence
The Daily Records of the Second Theater in the Second Sino-Japanese War, 1939-1941

國內

鄂南通城為我克復。

國際

羅馬尼亞總理卡林勒斯哥遇刺逝世。全國宣佈戒嚴。

9月22日

二戰區

竄陷馬壁之敵經我軍圍殲，斃傷近千。

國內

贛我軍大捷，攻克高安。

9月23日

國內

湘北敵大舉南犯，被我迎擊，斃傷二、三千。

9月24日

二戰區

虞鄉敵增至二千餘，一部七百餘犯我雪花山（虞鄉城西南）陣地，被擊退。

永濟敵千餘分路東犯。

遼縣敵千餘陷小嶺底，續向榆社進犯。

國內

湘北我軍全線反攻，新墻河南岸敵，幾全部被殲。

9 月 25 日

二戰區

解縣敵千餘經廿里嶺侵據陌南鎮，同日芮城亦被永濟東犯之敵侵入。

犧盟會在興集舉行成立三週年紀念大會。

國內

湘北敵增援猛犯，圖陷長沙，我軍奉命作主動的戰略轉移。

9 月 26 日

二戰區

黑龍關敵向西蠢動，我軍正予截擊中。

沁縣故城鎮敵二千餘分路東犯。

遼縣敵千餘竄陷榆社。

浮山敵二千餘增援反攻陷馬壁。

國內

湘北汨羅南岸敵向我猛衝多次，均未獲逞。

9 月 27 日

二戰區

中條山我軍與東犯敵連日搏鬥，斬獲甚眾，本日克復陌南鎮。

故城鎮東犯之敵陷武鄉。

洪屯路沿線府城敵南犯陷南孔灘，圖援長治。

汾西劉家垣、磊上敵四百餘經龍門里西犯，我軍伏擊之於東角上附近，雙方傷亡均重。

32　　閻錫山故居所藏第二戰區史料 **第二戰區抗戰大事記**（1939-1941）
Historical Documents of the Second Theater in the Yan Hsi-shan's Residence
The Daily Records of the Second Theater in the Second Sino-Japanese War, 1939-1941

國際

　　波京華沙守軍降德。

　　德外長飛莫斯科，討論德、蘇在波畫界問題。

9月28日

二戰區

　　馬壁（沁水東北）敵七、八百東犯，我軍正在東西招賢與西嶺一帶堵擊中。

　　汾西、磊上西犯敵，竄至克城附近，被我軍擊退。

國內

　　敵機十八架夜襲渝市。

　　湘北我軍在福臨舖設伏擊敵，斃敵數千。

9月29日

二戰區

　　陷據榆社之敵千餘，經我軍連日猛襲，死亡甚眾，向武鄉一帶潰竄。

　　芮城附近敵千餘，被我擊潰。

國內

　　湘北之湘陰、平江附近連日激戰，斃傷敵軍數千。

　　冀西靈壽敵二千餘被我包圍殲滅殆盡。

國際

　　德、蘇簽訂在波劃界議定書。

　　德、蘇共同發表公報，勸美、法結束戰事。

9 月 30 日

二戰區

　　芮城縣城被我收復。

　　馬壁東犯之敵，經我軍堵擊兩日，不支回竄，我軍乘勝攻佔馬壁。

國內

　　湘北南犯之敵，竄抵長沙北六十華里之橋頭驛。

國際

　　蘇、愛簽訂互助公約與新商務協定。

34　閻錫山故居所藏第二戰區史料 **第二戰區抗戰大事記**（1939-1941）
Historical Documents of the Second Theater in the Yan Hsi-shan's Residence
The Daily Records of the Second Theater in the Second Sino-Japanese War, 1939-1941

10月1日

二戰區

　　永濟趙村敵百餘名被我軍圍殲殆盡。

國內

　　蔣委員對在渝中外記者談話，斥汪逆賣身降敵，自絕於國，永無赦免之理。

　　長沙外圍，我軍總反攻，敵大部向北潰竄。

　　敵機四十餘架襲川西之瀘縣、宜賓。

10月2日

國內

　　湘北我軍克復上杉市、橋頭驛，乘勝追北，殲敵數千。

　　敵機三十餘架晨襲成都。

國際

　　意外長齊亞諾由德赴莫斯科。

10月3日

國內

　　我空軍一大隊，猛炸武漢敵機場。共投彈數百枚，毀敵機五十餘架。

　　湘北我軍續克福臨舖，汨羅江南殲敵無幾。

國際

　　汎美大會在巴拿馬京城舉行。

10 月 4 日

二戰區

黑龍關及稷山之敵向吉鄉區進犯。

國內

湘北我軍渡汨羅江北進，一部攻入湘陰城，敵軍狼狽不堪。

贛北馬鞍山附近，敵軍被我殲滅八百餘。

10 月 5 日

國內

湘北敵軍總崩潰，我獲空前戰果，殲敵達三萬餘。

敵大批機群夜襲渝市。

國際

蘇、拉簽訂互助公約。

10 月 6 日

二戰區

晉西我軍襲擊汾離公路上重要據點吳城鎮，巷戰澈夜，斃敵數千。

國內

湘北我軍克復平江、湘江沿岸無敵踪。

國際

德元首希特勒在下院發表演說，向英、法提議和平辦法。

36 閻錫山故居所藏第二戰區史料 **第二戰區抗戰大事記**（1939-1941）
Historical Documents of the Second Theater in the Yan Hsi-shan's Residence
The Daily Records of the Second Theater in the Second Sino-Japanese War, 1939-1941

10月7日

二戰區

敵機飛鄉寧、吉縣兩城投彈。

晉西南臨汾、襄陵、趙城、汾城、新絳、稷山、河津敵四、五千會犯鄉、吉。

黑龍關敵千餘侵入蒲縣城。

國內

湘北我軍迫近新墻河南岸。

國府任命衛立煌兼河南省主席。

10月8日

二戰區

晉東南長子西南敵軍萬餘與我軍反覆爭奪據點，戰況極烈。

進犯蒲縣、鄉寧之敵，繼續西進，我軍近在分頭襲擊中。

汾西、勃香、磊上一帶敵七、八百餘會陷克城。

國內

湘北我軍越過九嶺向通城迫進。

國際

蘇、立簽訂互助公約。

10月9日

二戰區

靈石、雙池敵五、六百向大麥郊進犯。

汾城西犯敵與我軍在圪台頭附近對戰中。

晉東南長子一帶我軍猛烈反攻，斃傷敵軍千餘。

國內

贛北我軍攻克修水，進迫三都。

國際

蘇聯向芬蘭提出領土要求。

10 月 10 日

二戰區

閻司令長官發表告二戰區各界同胞工作同志一文，題為國際戰爭中我國抗戰的現狀與前途。

興集各界舉行國慶紀念大會。

敵機九架偵炸吉縣及沿河渡口。

我軍夜襲蒲縣，一度衝入城內，斃敵數千。

蒲縣與黑龍關敵各一部，會陷南曜。

國內

國府發表宣言重申國民政府依法總攬治省，勗勉軍民勿驕勿餒。

蔣委員長發表「告全國國民書」。

贛北我軍在九仙湯一帶殲敵數千。

10 月 11 日

二戰區

蒲縣南犯敵七百餘在上角頭、前後圪台之線與我軍激戰。

敵機五架轟炸宜川。

圪台頭之敵竄至牛王廟附近。

38　閻錫山故居所藏第二戰區史料 **第二戰區抗戰大事記**（1939-1941）
Historical Documents of the Second Theater in the Yan Hsi-shan's Residence
The Daily Records of the Second Theater in the Second Sino-Japanese War, 1939-1941

國內

　　湘北我軍沿湘鄂公路挺進，本晚圍攻通城。

　　敵機七十餘架分批狂炸西安。

國際

　　德、蘇簽訂物物交換協定。

　　蘇、芬兩國代表開始進行談判。

10月12日

二戰區

　　南曜（蒲縣南）一帶之敵，經我軍不斷襲擊，大潰退蒲縣城內。

　　河津敵二百餘北犯，經我軍在西磑口北區痛擊，仍竄回原地。

　　晉西北五寨敵六百餘分路南犯，被我軍擊退，斃傷敵百餘。

國內

　　豫偽警備隊長楊兆榮率部反正，誘擒敵將校十六人，盡予槍決。

國際

　　英、法拒絕希特勒之和平提議。

10月13日

二戰區

　　圪台頭敵數百被我圍困於段山嶺、牛王廟間。

　　沁縣南虒亭、夏店敵千餘向史北鎮我軍陣地進犯，激戰甚烈。

橫嶺關西佘家山一帶之敵三千餘分路南犯，被我軍擊退。

國內

鄂南我軍攻佔羊樓司。

國府任命韓德勤兼江蘇省主席。

10 月 14 日

二戰區

黑龍關增到敵二千餘分路北犯，與我軍展開激戰。

國內

我軍飛機多架轟炸漢口敵機場，並與敵機空戰至烈。

贛北我北進抵奉新城郊，連克數據點。

10 月 15 日

二戰區

敵機八架飛宜川城投彈三十餘枚，又敵機十七架飛洛川城投彈六十餘枚。

蒲縣、萬安、克城敵共二千餘，分十餘股向石門山、喬家灣我軍包圍，雙方激戰終日，損失均重。

10 月 16 日

二戰區

進犯鄉、吉之敵，被我軍堵擊於圪台頭、牛王廟間，斃傷數百。

國內

贛我軍克復三都（修水東），斃傷敵千餘。

40 | 閻錫山故居所藏第二戰區史料 **第二戰區抗戰大事記**（1939-1941）
Historical Documents of the Second Theater in the Yan Hsi-shan's Residence
The Daily Records of the Second Theater in the Second Sino-Japanese War, 1939-1941

鄂南我軍，克復北港。

10月17日
國內

鄂、贛邊區之九宮山顛，敵軍千餘，被我殲滅。

10月18日
二戰區

圪台頭敵六、七百分股西犯鄉寧，我軍在牛頭山、管頭山一帶堵擊。

國際

北歐四國（瑞、挪、丹、芬）元首在瑞京集會，討論歐洲和平及蘇、芬談判問題。

10月19日
二戰區

鄉寧城陷敵手，同日圪台頭、牛王廟經我軍一度克復，敵後交通被截斷。

安澤東府城鎮之敵，經我軍猛攻潰退，我乘勝收復該鎮。

國際

英、法、土簽訂互助協定。

美駐日大使格魯發表演說，警告日本。

10 月 20 日

國內

　　贛北我軍向武寧進擊，斃敵數百。

10 月 21 日

二戰區

　　我反攻鄉寧縣城部隊在柏山寺附近，激戰兩晝夜，斃敵二百餘。

國內

　　國府明令公佈修正戰時軍律。

10 月 22 日

二戰區

　　圍攻鄉寧我軍一度襲入城內。

國內

　　皖北合肥敵千餘西犯吳山口，被我軍誘殲殆盡。

10 月 23 日

二戰區

　　鄉寧敵獲援反攻，與我軍在城郊激戰。

　　汾城敵四百餘，經豁都峪東竄，被我軍伏擊，斃傷百餘。

10 月 24 日

二戰區

　　蒲縣及克城敵各六、七百分陷午城、隰縣，一部與

42 | 閻錫山故居所藏第二戰區史料 **第二戰區抗戰大事記**（1939-1941）
Historical Documents of the Second Theater in the Yan Hsi-shan's Residence
The Daily Records of the Second Theater in the Second Sino-Japanese War, 1939-1941

我軍在雲台山激戰。

雙池敵五百餘，犯大麥郊，被我擊退。

10 月 25 日

二戰區

鄉寧敵五、六百竄犯吉縣，被我軍狙擊於三堠及馬連灘，予以重創。

國際

芬蘭封閉南部海岸。

10 月 26 日

二戰區

犯吉縣敵在三堠受創後，潰退寬家河平原。

稷山、河津敵三百餘，犯黃花峪，被我擊退。

我軍在安邑北辛卓村附近，埋置炸彈炸毀敵北上火車一列，斃傷敵百餘。

國內

贛北我軍冒雨圍攻武寧。

10 月 27 日

二戰區

吉縣寬家河之敵，經我軍迫壓一部向鄉寧潰退。

蒲縣敵六、七百陷大寧。

國內

湘北我軍連日向青崗驛一帶敵進攻，斬獲甚眾。

國際

　　美參院通過新中立法案，廢止禁運軍火條款，採用現購自運。

10 月 28 日
國內

　　鄂中敵向我大洪山附近陣地進犯，我守軍勇猛迎擊。

10 月 29 日
二戰區

　　山西光復紀念，閻司令長官以「團結、進步，走上抗戰最高峯」告二戰區同胞同志。

　　風陵渡敵千餘束犯，被我軍在小里鎮、任家莊等處擊潰。

國內

　　豫南敵向明港南進犯，經我痛擊，死傷數百。

10 月 30 日
二戰區

　　大寧敵三百餘西犯，經我軍在杜村、上白村一帶截擊，轉竄甘棠。

　　由三垛竄至平原之敵，經我軍不斷襲擊，完全退去。

國內

　　鄂北淅河附近殲敵五百餘。

44 | 閻錫山故居所藏第二戰區史料 **第二戰區抗戰大事記**（1939-1941）
Historical Documents of the Second Theater in the Yan Hsi-shan's Residence
The Daily Records of the Second Theater in the Second Sino-Japanese War, 1939-1941

10月31日

國內

豫東我軍襲入蘭封屬之白口，將駐該處敵百餘盡數殲滅。

國際

義內閣改組，墨索里尼兼海、陸、空三部長。

11 月 1 日
【無記載】

11 月 2 日
二戰區

鄉寧牛王廟敵五百餘，經豁都峪東竄，被我軍伏擊於東莊附近，斃傷百餘。

國內

中全會決議定於二十九年十一月十二日召開國民大會。

國府任命李品仙兼任皖主席。

國際

美眾院通過新中立法案。

義、希兩政府換文重申兩國友好關係。

11 月 3 日
二戰區

汾城西王、牛王廟、圪台頭等處敵千餘，會犯豁都峪，與我軍激戰終日，受創極鉅。

11 月 4 日
二戰區

永濟一帶敵分三股向雪華山進犯，與我軍正在激戰中。

鄉寧圪台頭、牛王廟與汾城西王封敵共二千餘會攻豁都峪，我軍機動應戰，斃傷敵三百餘。

46 閻錫山故居所藏第二戰區史料 **第二戰區抗戰大事記**（1939-1941）
Historical Documents of the Second Theater in the Yan Hsi-shan's Residence
The Daily Records of the Second Theater in the Second Sino-Japanese War, 1939-1941

國內

敵機五十四架襲蓉，被我機擊落兩架，敵海軍航空隊司令奧田大佐斃命。

贛北奉新以西，我斃傷敵數百。

11月5日
二戰區

永濟進犯雪華山之敵，被我擊潰。

國內

豫北我軍襲擊道清路常口車站，斃敵三百餘。

11月6日
【無記載】

11月7日
國際

荷、比兩國王發表通電，向英、法、德呼籲和平。

11月8日
【無記載】

11月9日
國內

鄂南大沙坪敵分頭西犯，遭我截擊未逞。

11月10日
【無記載】

11 月 11 日
二戰區

襄陵、汾城敵集結千餘，向三官峪一帶進犯，我軍正設伏夾擊中。

國內

鄂南、湘北之敵數千由大沙坪等地進犯，企圖掃蕩大雲山我軍，結果均被擊退。

我空軍一隊飛廣州炸敵。

11 月 12 日
二戰區

我軍肅清吉縣東南寬井河、三堰附近之敵後，向鄉寧推進，一部圍攻鄉寧城南之冀家原。

國內

五屆中委第六次全體會議在渝開幕，蔣總裁致開會詞。

國際

英、法撤退一部在華駐軍。

11 月 13 日
二戰區

進攻鄉寧我軍與敵在城北富家原一帶激戰。

11 月 14 日
二戰區

鄉寧縣城之敵經我南北夾擊狼狽東竄，我軍收復

48　　閻錫山故居所藏第二戰區史料 **第二戰區抗戰大事記**（1939-1941）
Historical Documents of the Second Theater in the Yan Hsi-shan's Residence
The Daily Records of the Second Theater in the Second Sino-Japanese War, 1939-1941

縣城。

11 月 15 日

二戰區

進犯三官峪之敵，經我五日來之襲擊，斃傷百餘，不支潰去。

汾南各縣之敵二千餘，會犯稷王山，我軍正分頭迎戰中。

國內

粵南之企沙敵，強行登陸，我守軍猛烈抵抗，比晚防城被侵入。

11 月 16 日

二戰區

大寧、午城相繼為我克復。

隰縣北石口之敵，經我軍猛攻數日，不支潰退。

國內

粵南敵在欽州灣沿岸繼續登陸，我軍被迫放棄欽縣。

11 月 17 日

二戰區

進犯鄉、吉之敵，全線崩潰，我軍乘勝收復蒲縣。

國內

五屆六中全會決議，由蔣總裁復任行政院長，孔祥熙副之。

11 月 18 日

二戰區

我軍再克圪台頭，並進擊牛王廟。

國內

敵機二十七架襲渝。

五屆六中全會發表宣言，謂日本一日不覺悟，則抗戰一日不停止。

11 月 19 日

二戰區

隰線敵被迫退去，我進駐城內。

我軍克復汾城西北之西王村。

汾南進犯稷王山之敵，被我擊退。

國內

敵機十三架分兩批襲南寧，投爆炸燃燒彈多枚。

粵南欽縣敵向東北猛犯，被我軍在平吉圩附近，斃傷數百。

11 月 20 日

二戰區

進攻黑龍關，我軍仍在積極進展中。

五台、靈邱一帶敵數千與冀西敵會犯河北之阜城，我軍正沿途截擊中。

50 閻錫山故居所藏第二戰區史料 **第二戰區抗戰大事記**（1939-1941）
Historical Documents of the Second Theater in the Yan Hsi-shan's Residence
The Daily Records of the Second Theater in the Second Sino-Japanese War, 1939-1941

11月21日

二戰區

晉西南我軍自克復鄉寧、蒲、隰後，一面搜剿殘敵，一面跟蹤追擊。黑龍關與汾城之敵均頗張皇。

國內

粵漢鐵路南段，集結敵軍萬餘，分向花縣、三水等地進犯。

國際

英通知國聯，廢止各項海軍協定。

英決定封鎖德進出口貿易。

11月22日

二戰區

圍攻黑龍關我軍一度衝入鎮內。

國內

敵機二十架終日更番轟炸南寧。

鄂我軍襲擊粵漢北段之賀勝橋山坡，克之。

粵南敵仍猛犯不已，我軍轉移至大塘圩附近，據險固守。

11月23日

二戰區

隰縣以東之敵，全部向趙城退竄。

國內

敵機十餘架襲南寧，被我機擊落四架。

粵漢南段敵一部竄至銀盞坳附近，經我軍猛烈阻

擊，未獲北進。

11 月 24 日
二戰區

　　晉西離石、柳林、大武敵千餘，分股會犯磧口，我軍迂迴至兩側，向敵襲擊。

國內

　　粵漢南侵犯蘆苞敵，經我軍英勇抵禦，損失甚鉅。

11 月 25 日
二戰區

　　晉西進犯磧口之敵被我擊潰。

國內

　　南寧附近，敵我展開激戰。

　　粵我軍一度攻入新會城內，將敵司令部及倉庫焚燬。

11 月 26 日
二戰區

　　晉東北及冀西之敵數千，分路會犯阜平，與我軍在城郊劇戰。

國內

　　南寧我軍轉移城郊，敵軍侵入城內。

國際

　　蘇、芬邊境發生糾紛，蘇要求芬軍撤退廿五公里。

52　　閻錫山故居所藏第二戰區史料 **第二戰區抗戰大事記**（1939-1941）
Historical Documents of the Second Theater in the Yan Hsi-shan's Residence
The Daily Records of the Second Theater in the Second Sino-Japanese War, 1939-1941

11月27日

二戰區

我機十餘架夜炸運城敵機場。

國內

粵漢路南段我軍向花縣西南之獅子嶺、龍口等處反攻克之。

鄂南我軍進擊崇陽，殲敵二百餘。

國際

英、法頒布封鎖德國出口貿易令。

11月28日

二戰區

晉東南我軍猛攻長子，肉搏數次，斃敵甚眾。

決死第四、第五兩總隊政治主任韓鈞在隰縣一帶叛變。

我軍夜襲霍縣東之南堡，斃傷敵軍百餘。

國內

粵增城敵數百，沿百花公路北犯，經我軍奮勇擊退。

國際

蘇聯照會芬蘭，廢止蘇芬互不侵犯條約。

11月29日

國內

粵漢路南段敵二千餘犯清遠縣之石角塘，與我軍正劇戰中。

11 月 30 日

國內

敵機多架沿邕武公路竟日轟炸。

國際

蘇聲明對芬絕交，即日海陸空並進，向芬進攻。

54 閻錫山故居所藏第二戰區史料 **第二戰區抗戰大事記**（1939-1941）
Historical Documents of the Second Theater in the Yan Hsi-shan's Residence
The Daily Records of the Second Theater in the Second Sino-Japanese War, 1939-1941

12月1日

國內

桂南寧敵沿邕武路北犯，我軍正浴血苦戰中。

國際

蘇聯與扶植下之芬蘭人民政府簽訂互助協定。

12月2日

二戰區

汾北我軍反攻汾城。

國內

桂我軍反攻邕賓路上之八塘，予敵重創。

粵漢南段竄至銀盞坳之敵二千餘，向我反攻，激戰
甚烈。

12月3日

二戰區

晉南安、運、聞、夏各縣敵約八、九千，會向聞、
夏間之山地猛犯，與我軍激戰於上下陰村、唐王山及方
山廟、范家岔等地。

12月4日

二戰區

聞、夏間敵我繼續劇戰。

國內

桂邕武、邕賓兩路敵我激戰於高峯坳及七塘、八
塘間。

吳佩孚將軍在平逝世。

12 月 5 日
二戰區

我軍一度攻入夏縣南關。

進犯聞、夏間山地之敵軍主力六、七千，被我誘圍於上下橫榆、東溝峪及大嶺上、范家坪一帶，痛加攻擊。

國內

中、蘇正式通航。

鄂南我軍猛襲通城東北各據點，斃敵數百。

12 月 6 日
二戰區

晉南犯聞、夏一帶之敵，被我擊潰，共斃傷敵二千餘。

國內

粵東我軍反攻潮安與敵千餘血戰終日，克之。

12 月 7 日

【無記載】

12 月 8 日
國內

粵銀盞坳附近敵遭我猛擊，狼狽潰逃。

閻錫山故居所藏第二戰區史料 **第二戰區抗戰大事記**（1939-1941）
Historical Documents of the Second Theater in the Yan Hsi-shan's Residence
The Daily Records of the Second Theater in the Second Sino-Japanese War, 1939-1941

12月9日

二戰區

夏縣、垣曲道上敵增援四、五千向我馬家廟、西羊圈一帶反攻，戰況極烈。

國內

國府明令褒揚吳佩孚並追贈一級上將。

12月10日

二戰區

夏垣道上馬家廟附近之敵，經我軍反復衝殺，紛向堰掌潰退。

沁縣之夏店、虒亭一帶敵三千餘，東犯陷武鄉。

12月11日

二戰區

閻司令長官通令鞏固犧盟、加強民運。

閻司令長官在興集紀念週報告韓鈞叛變經過。

國內

湘、鄂、贛我軍奉令各地同時反攻。

新任行政院蔣院長在渝宣誓就職。

國際

國聯召開大會，討論芬蘭之申請書。

12月12日

二戰區

武鄉附近敵經我軍不斷襲擊，棄城逃去。

國內

鄂南我軍攻克崇陽，斃敵數百。

12 月 13 日

二戰區

夏縣、安邑敵千餘由小呂村、南郭村（夏縣西南）分向南中吳村、史家村我軍陣地進犯，經我軍迎頭擊，斃傷極眾。

晉北忻崞方面敵三千餘向我寺平溝、石家莊亘魚龍溝一帶陣地進犯被擊退。

國內

鄂南我軍於攻克崇陽後分兩路向蒲圻挺進。

12 月 14 日

二戰區

翼城敵三千餘沿沁翼公路東犯。

由夏縣進犯中條山之敵，使用大量毒氣，我軍略向後轉移。

晉東南我軍攻佔長子城郊各據點。

敵機三十四架轟炸河曲。

國內

鄂南蒲圻附近激戰結果，斃傷敵八百餘。

豫、鄂偽軍二萬餘同時通電反正。

國際

國聯大會通過開除蘇聯會籍案，華代表權投票。

58 | 閻錫山故居所藏第二戰區史料 **第二戰區抗戰大事記**（1939-1941）
Historical Documents of the Second Theater in the Yan Hsi-shan's Residence
The Daily Records of the Second Theater in the Second Sino-Japanese War, 1939-1941

12月15日

二戰區

翼城東犯敵與我軍在隆化鎮以東地區激戰。

晉東南我軍猛攻長子南之河頭村，斃傷敵軍甚眾。

12月16日

二戰區

隆化鎮以東敵我激戰結果，敵傷亡達五、六百。

夏縣西南我軍反攻，恢復原陣地，斃敵三百餘。

國內

豫我軍一度襲入開封與敵巷戰澈夜。

12月17日

二戰區

晉東南我軍攻佔長子東之大李村、南鮑村，續向鮑店進擊。

國內

贛北我軍向南昌外圍進擊，克據點多處。

鄂中敵數千向漢宜公路兩側進犯。

12月18日

國內

桂邕賓道上我軍反攻，克復崑崙關、九塘。

鄂中全線激戰，多寶灣附近，敵被殲極眾。

國際

德袖珍戰艦格拉斯夫比上將號被英艦包圍，在南美

烏拉圭附近自沉。

12 月 19 日
二戰區
沿沁翼公路東犯之敵，被我軍堵擊於南吳村、安家垣等處，血戰四晝夜，斃傷敵千餘。
國內
桂南我軍反攻後，連戰皆捷，本日續克大高峯坳。

12 月 20 日
二戰區
夏聞道上我軍全線出擊，攻佔橫嶺關、鎮風塔附近各據點。
國內
桂南敵大舉反攻崑崙關，我軍一度退出，當晚再告克復。

綏遠我軍三路猛攻，一度克復包頭，斃敵聯隊長二人。

12 月 21 日
國內
贛北我軍攻入靖安城內殲敵數百。

綏遠包頭以東地區，敵我劇戰兩晝夜，結果我獲大捷，斃傷敵軍一千五百餘。

桂南崑崙關戰役，我斃敵大佐以下軍官二十餘人。

60 閻錫山故居所藏第二戰區史料 **第二戰區抗戰大事記**（1939-1941）
Historical Documents of the Second Theater in the Yan Hsi-shan's Residence
The Daily Records of the Second Theater in the Second Sino-Japanese War, 1939-1941

12月22日

二戰區

晉南橫嶺關附近我軍迭次出擊，斬獲頗多。

我軍佔領大麥郊，叛軍向兌九峪退去。

國內

鄂南大沙坪一地敵我反覆爭奪激戰數日，本日為我佔有。

12月23日

二戰區

聞喜東南我軍攻佔中坡底，迫近堰掌。

晉東南我軍一度攻入黎城。

我軍掃蕩川口、北交附近叛軍。

國內

鄂北我軍圍攻隨縣。

贛北敵我仍在爭奪南昌外圍據點中。

12月24日

二戰區

夏聞道上我軍猛攻鎮風塔、老泰廟等據點。

聞喜附近我軍襲入祁家莊（聞喜東），斃敵七、八千。

國內

綏境我軍迫近歸綏城郊。

國際

美洲各國發表共同中立宣言，抗議英、法、德軍艦

在美洲沿海活動。

12 月 25 日
二戰區
晉東南鮑店（長子北）敵千餘向貓兒嶺一帶反攻，被我擊退。
國內
桂南邕龍線上我軍大捷，殲敵千餘。

豫南我軍突襲信陽，攻入東、南兩關。

12 月 26 日
二戰區
晉東南我軍積極進攻壺關，斬獲甚眾。

我軍向三交方面叛軍掃蕩。

12 月 27 日
二戰區
陽曲北高村敵百餘西犯岔上、井溝，被我軍伏擊於耀子村附近，斃傷其中隊長以下四十餘。
國內
我機一隊飛炸南寧敵陣地，與敵機空戰至烈。

12 月 28 日
二戰區
晉東南敵軍千餘向壺關附近我軍陣地進犯，被斃傷四百餘。

62 閻錫山故居所藏第二戰區史料 **第二戰區抗戰大事記**（1939-1941）
Historical Documents of the Second Theater in the Yan Hsi-shan's Residence
The Daily Records of the Second Theater in the Second Sino-Japanese War, 1939-1941

國內

粵新豐、梅坑一帶我軍繞襲獲勝，殲敵三千餘，毀敵汽車二百餘輛。

贛北我軍襲安義城，斃敵數百。

12 月 29 日

二戰區

晉東南我軍攻克潞城。

國內

湘北我軍克復五里牌。

國際

蘇軍突破芬蘭曼諾林防線。

12 月 30 日

二戰區

中條山我軍夜襲從善鎮，激戰澈夜。

靈石、雙池兩渡敵五百餘分犯原頭村，被我擊退。

國內

敵機十八架襲廣西柳州，我空軍四起圍擊，共擊落敵機八架。

12 月 31 日

二戰區

聞喜一帶堰掌、尉郭敵千餘向南北大里及大洋村等地進犯，與我軍展開激戰。

長子步騎聯合敵千餘向我鮑店西南進犯被擊潰。

　　招賢鎮叛軍向交城退去。

國內

　　豫北我軍衝入沁陽城內，與敵激烈巷戰。

　　贛北我軍夜襲奉新城，一度攻入北關，焚敵倉庫。

　　粵我軍夜襲廣州，斃敵顧問一名。

國際

　　蘇、日成立協定兩件，一為現行漁業協定延長一年，一為解決中東路最後一批價款。

民國 29 年（1940）

1月1日
二戰區

　　長子及其以東敵四千餘向石哲鎮及仙翁廟、陽魯村我軍陣地進犯，激戰甚烈。

　　聞、夏間南北大里附近我軍陣地一度被敵突破，旋經反攻克復。

　　閻司令長官發表「元旦告全區同胞書」。

國內

　　蔣委員長以精神總動員會會長名義向全國民眾廣播，勉以實行精神總動員。

　　重慶舉行節約建國儲蓄運動。

1月2日
二戰區

　　長子敵一股二千餘沿長高公路南犯，竄抵高平城北之寺尾。

　　長治黃碾鎮一帶敵千餘竄陷潞城。

　　中條山我軍加緊掃蕩，連日分襲從善、張店等敵據點，頗有斬獲。

國內

　　王外長向美廣播。

　　贛北我軍攻克禪符觀，敵增援反攻被擊退。

66　閻錫山故居所藏第二戰區史料 **第二戰區抗戰大事記**（1939-1941）
Historical Documents of the Second Theater in the Yan Hsi-shan's Residence
The Daily Records of the Second Theater in the Second Sino-Japanese War, 1939-1941

1月3日

二戰區

　　聞喜堰掌鎮與夏縣間之南北大里一帶敵增至二千餘，分向王家塆、傅家斜等地反攻，正與我激戰中。

　　叛軍大部經快活林北竄交城。

國內

　　桂邕、欽沿路我軍連日出擊，斬獲甚多。

1月4日

二戰區

　　長子石哲、仙翁廟西犯之敵，經我軍在上下楊莊、張家莊猛烈阻擊，斃傷二千餘。

　　臨汾敵千餘增援浮山，被我軍在浮山北之王村、平里村擊潰。

　　聞、夏間敵以飛機大砲掩護，猛烈反攻，我軍仍在堅苦鏖戰中。

國內

　　豫南我軍向信陽附近出擊，連戰皆捷，截斷長信公路。

1月5日

二戰區

　　長治附近我軍向城西南敵各據點進攻，斬獲數百。

　　長子西南盡義村，敵千餘被我圍殲殆盡，殘部潰竄長子城內。

　　聞、夏間進犯南北毛家灣之敵二千餘與我激戰竟

日，肉搏多次，終被擊退。

叛軍佔領方山，進攻白文鎮。

國內

豫南長台關一帶敵二千餘向我反撲，經我迎頭痛擊，斃傷數百。

湘北我軍進襲臨湘、桃林，頗有斬獲。

1月6日

二戰區

長子附近我軍乘勝追擊，迫近城郊。

我軍掃蕩汾離公路以南叛軍。

國內

滬工部局總裁費利浦在法租界遇刺，英駐軍當局向日提出抗議。

1月7日

二戰區

翼城一帶敵增至四千餘，連日與我軍激戰於殿兒垣、風神廟、東佛村、南馬村等處，被斃傷近千。

國內

豫南信陽外圍敵，被我誘出陣地，包圍痛擊，斃傷極重。

1月8日

二戰區

晉東南我軍夜襲襄垣西之夏店鎮焚燒敵儲存庫，斃

68 | 閻錫山故居所藏第二戰區史料 **第二戰區抗戰大事記**（1939-1941）
Historical Documents of the Second Theater in the Yan Hsi-shan's Residence
The Daily Records of the Second Theater in the Second Sino-Japanese War, 1939-1941

傷四、五十。

閻司令長官在興集紀念週報告叛軍瓦解情形。

國內

鄂中潛江附近，我出擊部隊屢捷。

國際

日軍部要求阿部辭職，日政局嚴重。

1 月 9 日

二戰區

晉東南我軍猛攻壺關，一度衝入城內。

中條山候王、張店一帶敵連日經我猛襲，傷亡甚重。

國內

豫、鄂邊境由平昌關西犯敵四、五千，與我軍在小林店一帶激戰。

鄂北我軍出擊隨縣。

1 月 10 日

二戰區

長治蘇店敵，向壺關增援，與我軍正激戰中。

圍攻長子我軍在南北留村與鮑店附近與敵激戰。

國內

粵北殘敵，經我圍攻，紛向南潰。

豫南我軍三路進攻信陽。

豫、鄂邊境西犯之敵被擊潰。

國際

意、匈訂軍事同盟。

1 月 11 日
二戰區

八區叛軍強佔各縣府，薛專員文教向榆次退去。

國內

鄂北京鍾路上，連日戰事甚劇。

1 月 12 日
二戰區

壺關、長治敵五千餘在飛機六架掩護下向南反攻，與我軍激戰於固村鎮以北亘河頭、韓店之線。

叛軍傾全力進攻臨縣。

國內

粵北我軍克復源潭殲敵八、九百名，同時花縣亦被我克復。

國際

德機大舉襲英，規模之大為開戰以來所未有。

1 月 13 日
二戰區

壺關、長子敵續增援軍數千並施放毒氣，與我軍在西大鎮、大義鎮等處爭奪極烈。

騎兵軍退出臨縣向汾離公路南撤。

國內

鄂南蒲圻東郊我敵劇戰。

70 | 閻錫山故居所藏第二戰區史料 **第二戰區抗戰大事記**（1939-1941）
Historical Documents of the Second Theater in the Yan Hsi-shan's Residence
The Daily Records of the Second Theater in the Second Sino-Japanese War, 1939-1941

1月14日

二戰區

長治南蔭城鎮西南我敵劇戰竟日，斃傷敵軍近千。

汾城敵數百西擾，被我擊退。

國際

日阿部內閣總辭職。

1月15日

二戰區

長治、高平間敵我爭奪西火鎮東南之一五八〇高地，戰況至烈。

國內

鄂南我軍進襲大冶，斃敵數百。

國際

日海軍大將米內奉命組閣。

1月16日

二戰區

長治、高平間我軍全線反攻，將敵擊潰，連日斃傷敵軍數千。

國內

鄂南我軍襲克賀勝橋，續向咸寧橋挺進。

粵我軍收復銀盞坳。

國際

日新首相米內發表聲明，謂新閣政綱將以處理中國事件為基礎。

1 月 17 日

二戰區

長治、高平道上我軍正圍攻蔭城鎮、八義鎮。

退出晉西北之我軍，經汾離公路南下在中陽結集。

國內

蔣院長通電全國嘉勉小學教師。

鄂北高城鎮附近，敵軍千餘被我殲滅。

1 月 18 日

二戰區

晉東南我軍完全佔領西大鎮（高平東北）附近陣地。

閻司令長官為安撫叛區民眾，特組織安撫賑濟團令赴叛區工作。

國內

粵北敵繼續南竄我軍乘勝向太平場、神岡進擊。

1 月 19 日

二戰區

遼縣北石港之敵，經我襲擊，斃傷甚眾。

中國共產黨山西省委員會在臨縣成立，發表荒謬宣言。

國內

鄂北隨縣東北，敵軍數千，與我軍激戰。

國際

美孤主派首領波拉逝世。

閻錫山故居所藏第二戰區史料 **第二戰區抗戰大事記**（1939-1941）
Historical Documents of the Second Theater in the Yan Hsi-shan's Residence
The Daily Records of the Second Theater in the Second Sino-Japanese War, 1939-1941

1月20日

二戰區

　　長治蔭城鎮一帶敵得援反攻，一股直摸高平。

　　叛軍在晉西北設立第二行署，由續逆範亭、牛逆蔭冠，分任正副主任。

國內

　　粵我軍衝入增城，斃敵六百餘。

　　鄂北高城殷家店附近竄集敵軍二萬餘，我軍正合圍攻擊中。

1月21日

二戰區

　　長治敵一股千餘陷高平縣城。

國內

　　鄂北我軍向高城及萬家店等處追擊，斃傷敵軍近萬。

國際

　　美國際新聞社遠東代表楊格在東京被日警捕去。

1月22日

二戰區

　　高平北寺北鎮敵二千餘被我擊潰，我軍乘勝收復縣城。

　　新絳敵數百犯石門峪。

國內

　　高宗武、陶希聖揭發汪逆賣國密約。

　　綏西包頭一帶敵大軍雲集，企圖西犯。

國際

　　英艦在日本近海攔阻日艦淺間丸，拘留德僑廿一人。

1 月 23 日

二戰區

　　高平敵向東北潰退，我軍奮勇追擊。

　　新絳犯石門峪敵，經我阻擊，潰集南北范莊一帶。

國內

　　蔣委員長為汪日密約發表「告全國軍民書」及「告友邦人士書」。

　　鄂北向隨北進犯之敵連日傷亡慘重，向東、南兩方潰退。

　　綏敵分兩路沿包五公路及黃河南岸西犯。

國際

　　日為淺間丸事件向美提出抗議。

1 月 24 日

二戰區

　　長子附近我軍攻入高平東北之蔭城鎮、大義鎮，斃敵甚多。

國內

　　浙敵南犯，被我擊潰。

國際

　　日全國上下為淺間丸事件叫囂狂吠。

　　英首相宣稱英承認國民政府為中國唯一政府。

74 閻錫山故居所藏第二戰區史料 **第二戰區抗戰大事記**（1939-1941）
Historical Documents of the Second Theater in the Yan Hsi-shan's Residence
The Daily Records of the Second Theater in the Second Sino-Japanese War, 1939-1941

1月25日

二戰區

　　叛軍乘敵我在柳林作戰之際，向我軍包圍。

國際

　　英駐日大使為淺丸事件發表聲明。

　　日向美要求締結臨時商約，已被拒絕。

1月26日

二戰區

　　永濟我游擊部隊夜襲風陵渡東之東章村，殲敵三十餘。

　　晉南我軍夜襲安邑東南之關廟前，敵猝不及防，傷亡逾百。

國際

　　美日商約自本日起失效。

1月27日

二戰區

　　晉東南我軍進襲長治，在蘇店附近激戰終日。

　　進犯新絳、石門峪之敵被我完全擊退。

國內

　　浙我軍圍攻蕭山、王度，衝入城內。

　　綏敵沿包五公路大舉西犯與我展開二次血戰。

國際

　　美政府拒絕與日締結臨時商約。

1月28日
二戰區

本戰區軍政民各界在興集舉行一二八紀念大會，通過討汪通電。

國內

華北敵偽藉口淺間丸事件，策動大規模反英運動。

1月29日
二戰區

晉東南竄集壺關、長治以南之敵五、六千人，經大軍壓迫又展開激戰。

國內

鄂北京鍾路敵又增援向我進犯。

1月30日
國內

綏遠西犯敵，被我軍截擊於烏拉山前蓿亥灘，傷亡甚重。

1月31日
二戰區

永濟風陵渡敵六、七百分由六官村、小里鎮向芮城西之東西窰村、石道村進犯，被我擊退。

國內

綏西敵在包五公路之西山嘴，被我阻擊，死傷甚眾。

76 | 閻錫山故居所藏第二戰區史料 **第二戰區抗戰大事記**（1939-1941）
Historical Documents of the Second Theater in the Yan Hsi-shan's Residence
The Daily Records of the Second Theater in the Second Sino-Japanese War, 1939-1941

2月1日

二戰區

山西大學復課，在陝西三原正式開學。

國內

敵機多架轟炸滇越鐵路。

2月2日

國內

綏西敵由安北猛犯五原北之烏不浪口，與我軍激戰
極烈。

國際

巴爾幹協商國會議在南斯拉夫京城開幕。

2月3日

二戰區

晉西柳林敵五百餘犯軍渡，被我軍在王家山以東
擊退。

國內

綏西五原縣城，被敵侵入。

桂南敵竄至賓陽，經我軍堵擊，斃傷逾千。

敵機三十餘架襲桂雷平，被我擊落兩架。

2月4日

二戰區

壺關我軍反攻縣城。

國內

　　綏西五原附近敵我混戰。

　　鄂北我軍攻克浙河北兩據點，消滅敵軍一中隊。

國際

　　巴爾幹協商國（土、希、羅、南）會議決定繼續維
持和平政策。

2 月 5 日

二戰區

　　晉中敵一股千餘經王陶竄陷沁源，與我軍相持於沁
河兩岸。

國內

　　國府明令准青海靈童拉木登珠繼任十四輩達賴喇嘛。

國際

　　英、法決定援助芬蘭。

2 月 6 日

國內

　　綏西敵竄陷臨河縣，我軍正向敵後襲擊。

2 月 7 日

二戰區

　　沁縣北故城敵千餘東犯，被我擊退。

　　鮑店（長子北）敵南犯辛莊，與我軍激戰竟日，終
被擊退。

78　　閻錫山故居所藏第二戰區史料 **第二戰區抗戰大事記**（1939-1941）
Historical Documents of the Second Theater in the Yan Hsi-shan's Residence
The Daily Records of the Second Theater in the Second Sino-Japanese War, 1939-1941

國內

桂南賓陽郊外，仍在激戰中。

豫東我軍猛襲開封。

綏西敵竄至黃楊木、頭善壩（臨河西南）之線被我
軍猛烈圍攻。

2月8日

二戰區

敵機九架飛河曲縣城，投彈六十餘枚。

國內

鄂大洪山東麓劇戰三日，敵遺屍逾千。

綏西敵騎千餘與我軍在福義興、天義生劇戰半日，
被殲人馬七百餘。

國際

美政府為淺間丸案發表白皮書。

2月9日

二戰區

臨汾敵二百餘經垣上犯枕頭，被我擊退。

國內

桂南敵大舉北犯與我展開大戰，上林附近敵二千
餘，被我擊斃。

鄂大洪山附近敵增援反撲，被我軍奮勇擊退。

國際

敵外相有田表示日本必需增強與南洋各地經濟關
係，但無領土野心。

2 月 10 日

二戰區

　　晉西柳林敵四百餘竄軍渡，途經我軍截擊，斃傷百餘。

國內

　　桂南圖犯鳴武之敵，經我包圍痛擊，死傷逾半。

　　鄂南通城敵千餘向我九嶺以北猛犯，被擊退。

2 月 11 日

國內

　　桂南我軍克復賓陽，斃敵達五千以上。

　　鄂中敵經我痛擊，向應城、京山逃竄。

　　綏西我軍分頭向臨河、五原進攻，與敵展開激戰。

國際

　　蘇德新商約在莫斯科簽字。

2 月 12 日

二戰區

　　盤據稷王山之叛軍孫定國部，分三路向馬家山出動，企圖渡汾河走上黨。

國內

　　桂南我軍續克武陵。

　　綏西深入之敵已被我大軍包圍，正在圍殲中。

　　綏西臨河縣城，經我克復。

80 閻錫山故居所藏第二戰區史料 **第二戰區抗戰大事記**（1939-1941）
Historical Documents of the Second Theater in the Yan Hsi-shan's Residence
The Daily Records of the Second Theater in the Second Sino-Japanese War, 1939-1941

2月13日

二戰區

晉東南夏店（襄垣西）敵七百餘，分路東犯，我軍正阻擊中。

黑龍關敵三百餘，向七空窰我軍陣地進犯被擊退。

國內

綏西我軍大捷，在臨五沿線殲敵二千餘，毀敵汽車百餘輛。

桂南敵軍總崩潰，一週來我殲敵總數達三萬以上。

2月14日

二戰區

浮山以東我軍不斷襲擊與敵激戰。

國內

豫南我軍夜襲長合關殲敵百餘。

鄂南敵五千餘大舉向通山以北地區進犯。

2月15日

二戰區

晉東南夏店東犯之敵陷堰掌與我軍相持於原莊附近。

長子敵六、七百出城向西南兩面我軍進攻被擊退。

國內

閩東山島敵被我完全驅逐。

鄂南我軍突起向進犯之敵包圍。

2 月 16 日

二戰區

黑龍關敵二、三百竄擾化樂一帶被我擊退。

中條山北麓我軍連夜猛襲張店，敵甚恐慌。

國內

桂南我軍向南寧猛攻。

浙蕭山敵千餘東犯，與我軍在錢青鎮附近激戰中。

華南敵司令部以無線電向桂南我軍將領發出荒謬通告，掩飾敗績。

鄂南血戰累日，將敵擊潰，乘勝克官埠橋。

國際

英、法簽訂商約，採取共同出口貿易政策。

美副國務卿威爾斯乘意輪赴歐進行和解。

2 月 17 日

二戰區

晉南我軍分襲曲、絳各地，與敵在吉峪一帶激戰。

國內

綏西我軍連日由烏拉山出擊，截斷包五交通。

桂南我軍沿邕賓路挺進，南寧敵甚恐慌。

國際

美總統派國務副卿威爾斯赴歐分訪英、法、德、義。

2 月 18 日

國內

本日為新運六週年紀念，蔣委員長向全國廣播講詞。

82　閻錫山故居所藏第二戰區史料 **第二戰區抗戰大事記**（1939-1941）
Historical Documents of the Second Theater in the Yan Hsi-shan's Residence
The Daily Records of the Second Theater in the Second Sino-Japanese War, 1939-1941

鄂北我軍克平壩，迫近安陸。

2月19日

國內

鄂中我軍攻克洛陽店，斃敵四百餘。

國際

日議會通過下年度預算一百零三萬萬元。

2月20日

二戰區

興集各界舉行春禮勞軍大會。

國內

鄂大洪山東麓各據點，次第為我克復。

綏西我軍進抵五原南郊與敵激戰。

2月21日

二戰區

夏縣敵四千餘經菇村、傅家斜進犯，我軍正向敵後繞襲。

國內

蔣委員長通電全國，勸勉各級校長。

桂南戰事我敵進出於三、四塘間凡數次，已成膠著狀態。

浙蕭山東犯之敵已被我完全擊潰。

2 月 22 日

二戰區

高平附近之敵，經我擊潰，向東北逃竄。

進犯夏縣傅家斜之敵，被我擊退。

國內

達賴十四世舉行坐床典禮，全國開慶祝大會。

綏西我軍由東、南、西三面猛攻五原。

桂南寧敵一部二千餘竄至扶南附近，被我擊退。

2 月 23 日

二戰區

我軍進襲浮山東北西屋嶺之敵，予以重創。

長子附近我軍乘上元節衝入城內，斃敵多名。

2 月 24 日

二戰區

晉東南我軍猛襲鮑店（屯留南），斃敵數十。

稷山敵五、六百向馬壁一帶進擾，被我軍阻擊於三界店附近。

國內

桂邕賓路敵步砲二千餘、飛機九架向我五塘猛犯，我軍機動迎戰。

豫南敵一部千餘，向羅山附近進犯，被我包圍痛擊。

84　　閻錫山故居所藏第二戰區史料 **第二戰區抗戰大事記**（1939-1941）
Historical Documents of the Second Theater in the Yan Hsi-shan's Residence
The Daily Records of the Second Theater in the Second Sino-Japanese War, 1939-1941

2月25日

二戰區

遼縣與石匣敵五百餘，犯該縣西北之涇口被擊退。

汾西、臨汾敵糾集千餘分犯蒲縣、萬安。

國內

桂南犯五塘敵，被我猛擊，斃傷千餘。

2月26日

二戰區

黑龍關敵二百餘又向化樂竄擾被擊退。

由稷山竄擾馬壁峪之敵，經我連日阻擊，斃傷數十，殘部潰退新絳。

國內

桂邑賓路蠢動之敵已被我擊潰，雙方後相持於三塘間。

粵東我軍克復澄海。

豫南進犯羅山之敵，被殲六、七百，殘部潰退信陽。

國際

美訪歐使節威爾斯抵羅馬晤莫索利尼。

蘇聯攻佔芬蘭維堡城。

2月27日

二戰區

進犯蒲縣、萬安之敵，經我軍連日截擊，退回原處。

襄陵西南之賈朱西山到敵數十，企圖封鎖山口，經我軍猛襲，將其擊退。

2 月 28 日
二戰區

晉南夏縣迄王峪口屯集敵二、三千，一部再犯傅家斜，以我嚴備未逞。

國際

英、法正式承認西班牙佛朗哥政府。

2 月 29 日
二戰區

趙城敵三百餘與黑龍關敵二百餘竄擾黑龍關北之明山太山。

國內

汪逆精衛與敵簽訂賣國密約。

86 | 閻錫山故居所藏第二戰區史料 **第二戰區抗戰大事記**（1939-1941）
Historical Documents of the Second Theater in the Yan Hsi-shan's Residence
The Daily Records of the Second Theater in the Second Sino-Japanese War, 1939-1941

3月1日

二戰區

臨汾一帶敵分路西犯蒲縣，被我痛擊未逞。

國內

粵敵大舉進犯澄海，我軍奮勇迎擊中。

3月2日

二戰區

我軍一股向黑龍關敵後襲擾。

國內

鄂東我軍猛攻麻城，與敵在近郊激戰徹夜。

國際

希特勒接見威爾斯，提出停戰協定五項。

3月3日

【無記載】

3月4日

二戰區

太原附近敵千餘向河口、古交我軍防地進犯，雙方正對戰中。

國內

鄂北敵數千在飛機十餘架掩護下由隨縣、淅河等處西犯。

3 月 5 日

二戰區

　　靜樂敵八百餘，為策應太原北犯之敵，向南竄擾，在靜樂南經我軍痛擊，潰退婁煩。

　　由太原北犯敵陷河口、古交。

國內

　　鄂北西犯之敵與我在何家店、貫莊店一帶激戰。

　　中央研究院院長蔡元培在香港逝世。

3 月 6 日

二戰區

　　靜樂南犯敵陷婁煩鎮。

　　五台敵千餘東犯，我軍正阻擊中。

3 月 7 日

二戰區

　　晉東南我軍衝至壺關城下與敵激戰。

國內

　　鄂北西犯敵被我軍堵擊於里虎廟、騎馬山等處，斃傷甚多。

國際

　　美訪歐使節威爾斯抵法。

3 月 8 日

二戰區

　　壺關城郊我擊破敵援軍。

88 | 閻錫山故居所藏第二戰區史料 **第二戰區抗戰大事記**（1939-1941）
Historical Documents of the Second Theater in the Yan Hsi-shan's Residence
The Daily Records of the Second Theater in the Second Sino-Japanese War, 1939-1941

白晉路鮑店、虒亭敵千餘竄陷史北鎮。

五台東犯之敵經我連日阻擊，傷亡甚重，向城內潰退。

國內

粵東敵數千犯揭陽。

3月9日

二戰區

白晉路竄擾史北敵，經我增援反攻，仍回竄原處。

河津、新絳、萬泉一帶敵六、七百，分路犯黑望鎮，被我擊退。

國際

英貸華五百萬鎊，增加匯兌平準基金。

德外長里賓特洛甫赴義。

3月10日

二戰區

汾城敵三百餘犯我車口，經我猛擊，狼狽東竄。

翼城東石佛村之敵，向我進犯，被擊退。

國內

粵東進犯揭陽敵，經我軍截擊於楓口西北，銳氣大挫。

3月11日

二戰區

臨汾敵千餘，增往浮山，企圖東犯。

國內

國民教育會議，在渝開幕。

國際

美訪歐使節威爾斯離法飛倫敦。

芬蘭代表團赴莫斯科與蘇聯進行和平談判。

3 月 12 日

二戰區

中條山北我軍對敵加緊襲擊，斬獲甚眾。

國內

本日為精神總動員運動一週年紀念，蔣委員長向全國播講。

粵東進犯揭陽敵經我軍連日截擊，全線崩潰。

3 月 13 日

二戰區

靜樂一帶近日增到敵軍甚多。

夏縣附近我軍夜襲張店予敵重創。

黑龍關敵突增至二千餘，有西犯蒲縣模樣。

國際

蘇、芬停戰，締結和平條約。

3 月 14 日

二戰區

聞喜敵千餘向中條山堰掌一帶移動，圖向山口進犯。

90 　閻錫山故居所藏第二戰區史料 **第二戰區抗戰大事記**（1939-1941）
Historical Documents of the Second Theater in the Yan Hsi-shan's Residence
The Daily Records of the Second Theater in the Second Sino-Japanese War, 1939-1941

國內

桂南敵向邕欽路進犯，與我軍展開激戰。

國際

威爾斯再度過法赴義。

3月15日

二戰區

解縣二十里嶺敵二千餘，竄擾嶺南，經我截擊，斃傷百餘。

晉西柳林與吉家塔聯合敵三百餘，向我李家坪駐軍進犯，被擊斃二、三十名。

3月16日

二戰區

河津、翟店聯合敵三百餘犯口泉，被我擊退。

國內

國民教育會議閉幕。

行政院添設農林部，任陳濟棠為部長。

邕欽路戰事甚烈。

國際

立、愛、拉三國會議結束，絕維持中立。

3月17日

國內

邕欽路東南敵，屢增援反撲，被我擊退。

3月18日

二戰區

晉西北靜樂一帶,連日增到敵軍千餘,本日起大舉西犯,我軍正沿途阻擊中。

國內

邕欽路敵一部五千餘,竄至靈山附近,我軍正圍殲中。

汪逆精衛由滬乘敵艦赴南京,圖召開偽中央會。

國際

希特勒與莫索利尼會晤於義境布累納車站。

3月19日

二戰區

靜樂西犯敵侵入嵐縣。

柳林敵竄佔軍渡。

國內

邕欽路犯靈山敵,大部被我阻擊於靈山東北山地。

國際

法政府要求蘇聯召回駐法大使。

3月20日

二戰區

閻司令長官為晉事變,發表告全省人民書。

晉西竄至軍渡之敵,與我隔河砲戰。

國內

粵西靈山敵被我重重包圍,正殲滅中。

92 | 閻錫山故居所藏第二戰區史料 **第二戰區抗戰大事記**（1939-1941）
Historical Documents of the Second Theater in the Yan Hsi-shan's Residence
The Daily Records of the Second Theater in the Second Sino-Japanese War, 1939-1941

汪逆精衛在南京召開偽中央會。

國際

美訪歐使節威爾斯離意返國。

3 月 21 日

二戰區

閻司令長官發表告全體犧盟同志書。

晉東南蘇店敵數百附汽車十五輛竄壺關，中途遭我伏擊，被斃傷十餘，毀汽車十輛。

我軍向襄陵屯裡薛村之敵襲擊，斬獲甚多。

國內

綏西我軍對困據五原之敵，大舉猛攻。

桂南邕欽路敵，旬日來被我斃傷達四千以上。

國際

法達拉第內閣辭職，前財長雷諾繼任組閣。

3 月 22 日

二戰區

昔陽一帶敵數百，南犯皋落。

國內

粵西靈山被我克復。

綏西我軍克復五原，殲敵三千餘，鹵獲甚多。

國際

蘇芬和約在克林姆宮正式換交。

3 月 23 日

二戰區

晉西我軍克復軍渡，斃敵百餘。

嵐縣敵千餘，南犯普明，經我軍猛烈阻擊，斃傷百餘，餘部回竄城內。

由昔陽南犯敵侵入皋落，我軍乘其立足未定，猛烈反攻，將其擊潰。

國內

粵西由靈山突圍之敵，一部西竄武利，復經我追擊至龍舞嶺，將其殲滅。

3 月 24 日

二戰區

晉西北我軍圍攻嵐縣。

興集各界開追悼蔡子民先生大會。

汾城敵五百餘竄擾沿山我軍陣地，被擊退。

晉西柳林、大武一帶敵二千餘會陷磧口。

國內

皖南至德方面敵軍千餘突來進犯，我軍正奮勇抵抗中。

綏西包頭一帶敵向西增援，圖反撲五原，與我軍激戰於五加河畔。

3 月 25 日

二戰區

晉南我軍繼續掃蕩夏縣附近之敵，斃傷數百。

94 閻錫山故居所藏第二戰區史料 **第二戰區抗戰大事記**（1939-1941）
Historical Documents of the Second Theater in the Yan Hsi-shan's Residence
The Daily Records of the Second Theater in the Second Sino-Japanese War, 1939-1941

晉西北我軍收復嵐縣。

敵機七架炸鄉寧，六架炸宜川。

國內

皖南至德附近，仍在激戰中。

綏西五加河畔敵四度增援反撲，均被我擊退。

3月26日

二戰區

汾河北岸我軍襲擊稷山縣城，與敵激戰數時。

國內

桂南寧敵向扶南進犯，我軍正截擊中。

行政院決議自本年七月一日起，實行遺產稅。

皖南之敵大部被我擊潰。

3月27日

二戰區

興集各界舉行歡迎中心縣長大會。

晉西陷磧口敵繼續北犯，侵入三交。

國內

綏西反攻五原之敵萬餘，竄抵城郊，一部衝入城內。

3月28日

二戰區

晉西侵入三交之敵在飛機掩護下分二路會攻臨縣，
我軍於消耗敵力後，即轉移於城郊。

晉東南長子敵一部千餘增往鮑店，揚言將大舉進犯。

國內

中常會決議尊稱孫總理為國父。

粵廣州敵千餘分兩路北犯，經我猛烈迎擊，斃傷數百。

3 月 29 日

二戰區

臨縣城內之敵，經我猛烈襲擊，棄城逃竄，我當將縣城收復。

由臨縣東竄之敵陷方山縣城。

沁縣五百餘敵，向西南之後河村進犯，被我擊潰，斃傷數十名。

國內

本日為革命先烈紀念日，林主席向全國播講，痛斥汪逆叛黨叛國罪惡。

綏西反攻五原之敵萬餘，連日經我痛擊，完全潰敗。

3 月 30 日

二戰區

興集各界舉行鋤奸大會，通電全國，申討汪逆。

晉西方山縣城，經我軍反攻克復。

國內

汪逆精衛在南京成立偽組織，潛稱中華民國國民政府。

我外部照會各國駐華使館鄭重聲明我國立場，絕不承認任何偽組織。

96 | 閻錫山故居所藏第二戰區史料 **第二戰區抗戰大事記**（1939-1941）
Historical Documents of the Second Theater in the Yan Hsi-shan's Residence
The Daily Records of the Second Theater in the Second Sino-Japanese War, 1939-1941

　　國府明令除汪逆精衛等廿八名已通緝在案外，所有附逆之陳公博等七十七人並予通緝。

3 月 31 日

二戰區

　　晉東南敵萬餘，大舉向我進犯，一路由長子、鮑店西犯，一路沿長高大道南犯，其由鮑店西犯者侵入張店鎮。

國內

　　我國駐外使節聯銜通電討汪。

4月1日
二戰區

晉東南鮑店、沁縣敵二千餘,向張店一帶增援,與我軍激戰中。

新絳敵偽二千餘,會攻石門峪,經我李縣長(凱明)率部奮戰,將其擊退。

國內

綏西五原城內城郊之敵,被我全部肅清。

國民參政會五屆大會在渝開幕,通過聲討汪逆通電。

4月2日
二戰區

晉東南鮑店敵千餘,侵入豐儀鎮(屯留西)常峪村,我軍正分途截擊中。

閻司令長官通電討汪。

國內

行政院決議盛世才兼新疆主席。

4月3日
二戰區

我機十二架炸運城敵機場。

洪屯路我軍襲克良馬(屯留西)。

安運敵一部由從善向我柏樹嶺、紅凹一帶陣地進犯被擊退。

國內

贛北我軍大舉出擊。

98 | 閻錫山故居所藏第二戰區史料 **第二戰區抗戰大事記**（1939-1941）
Historical Documents of the Second Theater in the Yan Hsi-shan's Residence
The Daily Records of the Second Theater in the Second Sino-Japanese War, 1939-1941

滬杭路我游擊部隊大肆活動，破壞路軌及電線多處。

4月4日
二戰區
夏縣、安邑間之從善鎮糾集敵軍千餘圖蠢動，我軍猛予襲擊，斃傷多名。
國內
贛北我軍迫近奉新城郊。
國際
英內閣局部改組。

4月5日
二戰區
興集各界開會追悼韓逆叛變殉難同志。
國內
國府明令修正優待出征抗敵家屬條文。

宋哲元在四川綿陽病故。

滬杭路敵掃蕩部隊被我擊潰。

4月6日
二戰區
山西省政府通電討汪。

長治敵千餘增往鮑店。
國內
綏西我追擊部隊，在連子店附近，將敵一部包圍痛擊中。

4月7日

國內

　　贛北我軍與敵鏖戰甚烈。

國際

　　英、法加強對德封鎖，在挪領海內敷設水雷。

4月8日

二戰區

　　安運、夏聞一帶連日由北增到敵軍甚多，圍犯中條、垣曲。

國內

　　桂寧向左江西岸竄犯之敵，被我軍在同正附近斃傷數百。

　　鄂東我軍在麻城附近，殲敵甚眾。

國際

　　德軍侵占丹京並向挪京進襲。

4月9日

二戰區

　　長子敵千餘西南犯陽魯，經我痛擊斃傷二百餘。

國內

　　贛北我軍大捷，連克靖安、奉新兩城。

　　鄂東麻城，被我克復。

國際

　　挪威對德宣戰。

　　瑞典接受德國要求嚴守中立態度。

100 | 閻錫山故居所藏第二戰區史料 **第二戰區抗戰大事記**（1939-1941）
Historical Documents of the Second Theater in the Yan Hsi-shan's Residence
The Daily Records of the Second Theater in the Second Sino-Japanese War, 1939-1941

丹麥接受德國保護。

4月10日

二戰區

長子外圍連日劇戰，附近公路，多被我軍破壞。

襄陵南煤窰之敵，遭我突襲，傷亡數十。

國內

國參會第五次大會閉幕。

豫北我軍圍攻沁陽。

贛北我續克大城。

國際

德軍侵入挪京奧斯洛。

英、德海空軍在斯喀基爾拉克海峽大戰。

4月11日

二戰區

興集各界舉行生產運動大會，閻司令長官親臨致詞。

國際

挪威海面，英、德展開海空大戰，參加軍艦共達二
百餘艘，飛機數千架。

4月12日

二戰區

洪洞新到敵二千餘東增府城。

國內

我機多架飛湘北岳陽，炸敵倉庫。

贛北戰事，益趨激烈，連日敵軍傷亡達二千餘。

4 月 13 日

二戰區

晉南我軍向風陵渡西北進擊，斬獲甚多。

圍攻長子我軍猛撲城垣，激戰經宵，斃敵數百。

國內

漢口下游我軍進展神速，斃敵極眾。

國際

希特勒下令奧合併於德，廢止奧地利行政委員會。

4 月 14 日

二戰區

晉南敵糾集七、八千，飛機二十餘架，準備向中條山大舉進犯。

晉西離石、柳林敵千餘竄擾軍渡。

國內

鄂東我軍猛攻黃安。

國際

荷政府重申中立。

4 月 15 日

二戰區

中條山南麓各山口敵我有小接觸。

國內

鄂南崇陽敵千餘向我進竄擾，我軍正堵擊中。

102　｜　閻錫山故居所藏第二戰區史料 **第二戰區抗戰大事記**（1939-1941）
Historical Documents of the Second Theater in the Yan Hsi-shan's Residence
The Daily Records of the Second Theater in the Second Sino-Japanese War, 1939-1941

國際

美總統譴責德國侵犯北歐。

日外相接見荷公使表示對荷印關懷。

4月16日

二戰區

長子敵二千餘，在機砲掩護下大舉南犯，與我軍在張店附近激戰中。

張店迄塩池南各山口敵軍三、四千同時進犯，與我展開激戰。

靈石、雙池鎮敵七、八百向李家坡、馬家山我軍陣地犯擾被擊退。

國內

行政院決議駐蘇大使楊杰免職，特派邵力子繼任。

贛北我軍克復向塘，正向蓮塘方面推進。

國際

英軍在挪境登陸。

4月17日

二戰區

張店敵二千餘，砲十餘門，分向張茅大道及其兩側地區猛犯，經我夾擊，斃傷極眾。

翼城敵千餘名犯岳莊、南馬村之線，我軍正猛烈阻擊中。

國內

鄂崇陽南犯之敵經我軍三日來堵擊，被包圍殲滅者

達五百餘。

國際

　　美國務卿赫爾發表聲明稱荷印與太平洋有密切關係。

4 月 18 日

二戰區

　　長子南犯敵增援反撲，經我迎頭痛擊，斃傷數百。

　　聞喜附近我軍乘虛襲克橫水鎮。

　　沿張茅大道南犯敵，增至四千餘，自大臣村、大寬村續向南猛犯，連陷平陸、茅津。

　　翼城敵三千餘分途南犯，在官門村、大青漥附近與我軍激戰中。

國際

　　挪政府通告全國助同盟軍作戰。

4 月 19 日

二戰區

　　張茅大道東側，敵我激戰，淹底鎮陷敵手。

　　翼城官門、大青漥一帶，經昨日激戰，敵傷亡數日，我陣地略向後轉移。

國內

　　鄂南敵一再增援，均被我擊退。

4 月 20 日

二戰區

　　中條山我軍向張茅大道東側反攻激戰徹夜，連克淹

104　閻錫山故居所藏第二戰區史料 **第二戰區抗戰大事記**（1939-1941）
Historical Documents of the Second Theater in the Yan Hsi-shan's Residence
The Daily Records of the Second Theater in the Second Sino-Japanese War, 1939-1941

底及附近村莊。

浮山、翼城一帶糾集敵軍萬餘，分路向沁水西地區進犯。

晉東敵萬餘，由長治、長子、壺關分五路南犯，與我軍在長、壺以南地區激戰。

國內

贛北我軍再克西山萬壽宮。

4月21日

二戰區

張茅大道以東敵獲援反攻，再陷淹底。

晉東南由長子南犯之敵一股竄陷高平。

國內

贛北我軍攻克安義。

4月22日

二戰區

沁水附近我軍大舉反攻，兩日來在安溝、杏峪一帶，殲敵逾千。

張茅大道以東之敵，由淹底向東、北兩面之過村、劉家莊進犯，經激戰後，我軍略向後轉移。

陌南鎮敵竄陷芮城。

國內

敵機三十架分批襲川。

豫東我軍衝入開封城內。

贛北我全線獲勝，正向南昌近郊猛進。

4月23日

二戰區

長子南犯敵大部竄至高平西北之杜塞村、馬村等地，經我圍攻，殲滅逾半。

由沁水南犯敵一股千餘，侵入陽城。

襄陵、金殿附近我伏擊部隊將敵騎八名盡數殲滅，臨汾敵百餘來援，又被我擊斃三十餘。

國內

豫東衝入開封城內我軍與敵繼續極鬥中。

鄂南二千餘，分四路向九宮山以北地區進犯。

4月24日

二戰區

高平南北地區連日激戰，斃敵甚眾。

陵川敵西犯，與我軍激戰於附城一帶。

張茅大道以東之敵分犯廟凹、毛家山與我軍激戰中。

國內

豫東開封敵獲援反攻，與我軍激戰於城郊。

贛北敵向我猛烈反攻。

皖南敵千餘陷我南陵。

國際

德、羅簽訂商約協定。

4月25日

二戰區

晉東南我軍克復陵川，同日晉城被陷。

106 閻錫山故居所藏第二戰區史料 **第二戰區抗戰大事記**（1939-1941）
Historical Documents of the Second Theater in the Yan Hsi-shan's Residence
The Daily Records of the Second Theater in the Second Sino-Japanese War, 1939-1941

張茅大道之敵獲援，與我軍再展開血戰。

國內

鄂南進九宮山之敵，經我迎擊兩晝夜，將其擊潰。

皖南敵陷繁昌、青陽。

4月26日

二戰區

晉南我軍克復芮城。

晉西我軍為策應中條山及晉東南我軍作戰，大舉渡汾進攻，以曲沃、侯馬為主要目標。

國內

皖南我軍猛攻南陵，衝入城內，斬敵數百。

4月27日

二戰區

晉博公路之敵，經被我軍圍擊，北向回竄在晉城以北之東西大陽激戰中。

竄至高平馬村鎮之敵千餘，經我圍攻一晝夜，幾全部就殲。

芮城東南地區麕集敵軍三千餘，經我陸空軍圍擊，幾被盡殲。

國內

贛北敵增援反撲與我激戰於西山萬壽宮一帶，奉新、靖安復陷敵手。

皖北我軍猛襲合肥，一度衝入城內。

4 月 28 日
二戰區

我空軍一隊飛晉南虞永一帶炸敵陣地。

向汾南出擊，我軍一度衝入河津西關。

國內

贛北我軍猛攻德安。

4 月 29 日
二戰區

汾北我軍進攻稷山、新絳。

張茅大道側，我軍猛烈反攻。

聞喜東老泰西盤據之敵，被我猛襲克之。

我機九架轟炸虞鄉敵軍。

國內

贛北我軍再克靖安。

皖南我軍克復南陵。

4 月 30 日
二戰區

晉東南高平、晉城敵各二、三千分犯東南峯頭、橫嶺、交峪之線，經我軍迎戰終日，斃敵近千。

高平關端氏大道以北敵軍一部，被我截圍晉城、高平敵來援與我激戰一晝夜，殲敵達二千。

國內

贛北奉新縣城經我猛攻奪回。

豫南信陽集敵數萬向南陽一帶進犯。

108 | 閻錫山故居所藏第二戰區史料 **第二戰區抗戰大事記**（1939-1941）
Historical Documents of the Second Theater in the Yan Hsi-shan's Residence
The Daily Records of the Second Theater in the Second Sino-Japanese War, 1939-1941

5月1日

二戰區

　　圍攻稷山我軍奮勇爬城與敵繼續激戰中。

　　晉東南陽城以西大寺頭、西坡、孫溝等處敵三千餘向我全線反攻，雙方搏戰極烈。

國內

　　鄂中敵數千由鍾祥圖度襄河，經我反擊未逞。

　　豫南敵分二路向我進犯，一沿碻陽公路犯沁陽，一沿信南公路犯桐柏、唐河，當日陷明港。

5月2日

二戰區

　　汾北我軍積極向南推進，與敵軍二千餘激戰於南北午芹，雙方損失均重。

　　晉城外圍，我向敵猛襲。

國內

　　我空軍數隊炸鄂鍾祥。

　　鄂中京鍾路戰事極烈，敵一股千餘竄至長壽店，被我包圍痛擊。

國際

　　挪中部同盟軍撤退。

5月3日

二戰區

　　汾城縣城被我猛攻衝入，新絳縣城，亦在我圍攻中。

　　夏縣及大洋村（夏縣東北）敵各五、六百，向傅家

斜、方山廟一帶進犯，均被我擊退。
國內

國府明令改組遼、吉、黑、熱四省府，並任命萬福麟兼遼寧主任、鄒作華兼吉林主席、馬占山兼黑龍江主席、繆徵流兼熱河主席。

鄂北、豫南展開大戰。

5 月 4 日
二戰區

晉東南晉城、陽城一帶，敵我激戰仍烈，董封南側敵數千，被我擊潰，遺屍六百餘具。

白晉北段我軍襲擊南關鎮，敵守軍數百，被殲滅逾半。

我軍大舉襲擊黑龍關附近之敵，斃敵數十。

國內

豫南小林店附近我敵激戰通宵，敵遺屍千餘具。

鄂北敵由隨縣分向西、北進犯。

5 月 5 日
二戰區

陽城西南桐窊附近敵二千餘，與我遭遇，激戰終日，將敵擊潰。

河津、稷山聯合敵七、八百犯黃花峪，被我軍擊退，斃傷四百餘。

國內

敵機多架，狂炸豫南、光化等地。

110 閻錫山故居所藏第二戰區史料 **第二戰區抗戰大事記**（1939-1941）
Historical Documents of the Second Theater in the Yan Hsi-shan's Residence
The Daily Records of the Second Theater in the Second Sino-Japanese War, 1939-1941

豫南戰事轉移於泌陽、桐柏附近。

鄂中敵經我節節截擊，勢已頓挫。

5月6日

二戰區

陽城後馬園敵二千餘北竄，被我軍截擊於東西大興、瓦窰溝等地斃傷三百餘。

國內

豫南敵陷泌陽，其主力被我圍擊於泌陽、桐柏以東地區，斬獲極多。

鄂北敵犯田家集（鍾祥北），我軍奮勇截擊中。

5月7日

二戰區

閻司令長官由陝西宜川秋林鎮移節沿河之桑柏村。

陽城附近鏖戰五、六日，敵軍被我斃傷數千。

國內

皖南我軍克復青陽。

豫南敵一股千餘竄陷唐河。

贛北安義城郊敵我爭奪甚烈。

鄂北敵竄陷棗陽。

5月8日

二戰區

沁翼公路沿線，我軍繼續掃蕩，在富店鎮、王塞鎮，斃敵數百。

中條山我軍襲佔茅津東北之吉家坡。

國內

豫南竄陷唐河之敵經我猛攻潰退，我乘勝收復縣城。

鄂北田家集附近，激戰一晝夜，敵傷亡甚重。

5 月 9 日

二戰區

中條山南麓敵，不堪我軍迫壓，棄茅津度北竄。

我渡汾出擊部隊繞襲高顯鎮，將東站焚毀。

國內

鄂北竄集棗陽之敵近萬，經我圍攻，全線潰亂。

豫南我軍攻克明港，泌陽、皖南敵竄陷宣城。

5 月 10 日

二戰區

河津敵一股數百，侵入鄉寧境內。

國內

豫南、鄂北我軍乘勝，向敵大舉追擊。

皖南我軍克復繁昌。

國際

德以閃擊戰分向荷、比、盧進攻，英、法軍急往赴援。

英、法政府宣佈決以全力援助比、荷。

英首相張伯倫辭職，邱吉爾奉命組織戰時內閣。

閻錫山故居所藏第二戰區史料 **第二戰區抗戰大事記**（1939-1941）
Historical Documents of the Second Theater in the Yan Hsi-shan's Residence
The Daily Records of the Second Theater in the Second Sino-Japanese War, 1939-1941

5月11日

二戰區

河津、稷山、汾城一帶集結敵軍萬餘向鄉、吉進犯。

國內

豫、鄂邊境連日被我殲滅之敵達二萬人。

國際

德軍攻陷比要塞列日。

5月12日

二戰區

由稷山北犯敵陷交口，由古城西犯敵陷董峯。

遼縣敵二千西向竄擾，我軍正分頭截擊中。

國內

鄂北敵增援反攻，與我爭奪雙溝甚烈。

國際

德降落部隊攻入荷京海牙。

5月13日

二戰區

敵步騎千餘竄至吉縣東南之上下柏房，續向三堠我軍陣地進犯，我軍於消耗敵力後，即轉移於兩側。

八路軍一一五師及叛軍韓鈞部由賀龍親率，突向汾離公路南犯。

國內

鄂北我軍克復隨、棗間最大據點唐縣鎮。

國際

荷蘭政府遷往倫敦。

5 月 14 日

二戰區

竄據三埌之敵，經我軍東西夾擊，激戰終日，傍晚向南潰退，我當將三埌克復。

我軍在吉縣西南之牛王廟擊落敵機一架。

國內

豫南我軍克復長台關向信陽猛攻。

粵南敵千餘沿粵漢線北犯從化，我軍正迎擊中。

國際

荷蘭女王抵倫敦。

5 月 15 日

二戰區

吉縣東南寬井河、銅圪塔、馬連灘之敵均被我擊退。

賀師及叛軍佔領大麥郊東北地區，與我軍樊、陳、王各師激戰。

國內

鄂北殘敵被我驅圍於棗陽附近，四面猛攻，進展極速。

鄂南我軍襲克通山。

天水、桂林行營及第十、第六戰區均撤消，程潛、白崇禧回副參謀總長本任。

114 | 閻錫山故居所藏第二戰區史料 **第二戰區抗戰大事記**（1939-1941）
Historical Documents of the Second Theater in the Yan Hsi-shan's Residence
The Daily Records of the Second Theater in the Second Sino-Japanese War, 1939-1941

國際

　　德軍陷法要塞，色當馬其諾防線一部被突破。

　　比境繆斯河流域展開激戰。

5月16日

二戰區

　　鄉寧東柏山寺以南地區敵我激戰。

　　叛軍在大麥郊方面與我軍七十、七一兩師激戰，至
午樊師長釗陣亡。

國內

　　鄂北我軍衝入棗陽，殲敵數千。

　　我第三十三集團軍總司令張自忠行軍在鄂北大洪山
西麓張家集附近南瓜店督戰殉職。

國際

　　美羅斯福總統發表緊急國防計畫。

　　美羅斯福總統電義呼籲和平。

5月17日

二戰區

　　鄉寧城內敵縱火逃竄，我軍一面入城安撫，一面向
敵追擊。

　　叛軍因傷亡慘重向北潰退，我軍收復郭家掌。

國內

　　鄂北敵獲援反攻棗陽，與我再起白刃巷戰。

5 月 18 日

二戰區

向鄉寧段山嶺進犯之敵，經我擊後，晉西殘敵，全線崩潰。

國內

敵機四十餘架分批襲蓉。

湘北我軍出擊，一度攻入桃林。

國際

德軍向巴黎迫進，前鋒抵索姆河。

法改任魏剛將軍代甘末林為統帥。

5 月 19 日

二戰區

我機十九架炸運城敵。

國內

豫南敵全線動搖，我軍猛攻信陽，一度衝入城內。

皖南我軍攻入貴池城內。

我機飛鄂北助戰，炸斃軍多名。

5 月 20 日

二戰區

晉東南圍攻陽城部隊，在城郊與敵血戰。

國內

敵機三十餘架襲川，被我機在梁山上空擊落六架。

豫南鄂北敵再增援反撲，我軍對之已形成反包圍線。

116 | 閻錫山故居所藏第二戰區史料 **第二戰區抗戰大事記**（1939-1941）
Historical Documents of the Second Theater in the Yan Hsi-shan's Residence
The Daily Records of the Second Theater in the Second Sino-Japanese War, 1939-1941

5月21日

二戰區

晉東南我軍攻克潤城鎮（陽城東）。

晉南張茅大道西端，我軍出擊獲勝，殲敵三百餘。

國內

豫南、鄂北激戰甚烈。

5月22日

二戰區

晉東南長晉公路我軍大舉出擊。

國內

敵五十四架襲渝。

粵東北良口東南斃敵千餘。

豫、鄂邊境血戰一晝夜，殲敵數千。

國際

德軍向英海峽挺進。

美參院通過龐大之陸軍擴充案。

5月23日

二戰區

晉、豫邊境我軍猛襲天井關，與敵激戰終日。

晉東南我敵在高平南北地區展開劇烈之爭奪戰。

國內

豫、鄂邊境突過唐河之敵，已被我擊潰。

國際

德軍陷法布倫，同盟軍大舉反攻。

西戰場發現新式武器噴火燄坦克車。

5 月 24 日

二戰區

閻司令長官渡河督師駐節吉縣之克難坡（舊名南村坡）。

晉東南我軍向長治、高平間出擊，斬獲甚多。

國內

鄂北以襄陽為中心之戰事，仍在激烈進展中。

5 月 25 日

國內

粵北我軍收復良口，克風火嶺，殲敵數千。

鄂北我敵縱橫血戰，襄花路被我截斷。

5 月 26 日

國內

敵機一百三十六架，分批襲川，渝市上空發生激烈空戰。

5 月 27 日

二戰區

沁水東南仙翁山之敵八百餘，經我猛攻十六小時，幾全部就殲，獲大米二十餘包、砲彈二千餘箱。

國內

敵機一百六十餘架襲渝。

118 | 閻錫山故居所藏第二戰區史料 **第二戰區抗戰大事記**（1939-1941）
Historical Documents of the Second Theater in the Yan Hsi-shan's Residence
The Daily Records of the Second Theater in the Second Sino-Japanese War, 1939-1941

鄂北據守湖陽、湖河鎮之敵，被我聚殲千餘。

粵北從化附近劇戰。

5月28日

二戰區

陽城敵一股竄擾龍掌、史家嶺，經我軍反攻，將史家嶺克復。

國內

我機一隊飛鄂安陸炸敵倉庫。

敵機三十六架襲渝。

鄂北大洪山麓我軍採取運動戰。

國際

比王利波德三世降德，比軍放棄抵抗。

5月29日

國內

鄂北棗陽附近敵萬餘南犯，與我軍激戰於新陽店等處。

粵北良口以西新增敵軍萬餘，與我軍繼續鏖戰中。

國際

法軍放棄利爾，同盟軍續向海岸後撤。

5月30日

二戰區

晉西兌九峪敵偽二千餘分路西犯，一度侵入大麥郊，我乘敵立足未定，猛烈反攻，又告克復。

5 月 31 日

二戰區

中條山西端我軍向夏縣一帶出擊，予敵重創。

國內

鄂北敵一股由宜城北王家集渡過襄河西犯，我軍正圍殲中。

國際

德軍大舉進攻佛蘭德斯，英、法軍突圍，敦克爾要塞附近激戰。

120 | 閻錫山故居所藏第二戰區史料 **第二戰區抗戰大事記**（1939-1941）
Historical Documents of the Second Theater in the Yan Hsi-shan's Residence
The Daily Records of the Second Theater in the Second Sino-Japanese War, 1939-1941

6月1日

二戰區

沁水近郊各據點之敵，經我軍猛襲傷亡甚多。

國內

國府公布非常時期人民團體組織綱領。

鄂北由宜城偷渡襄河之敵，侵入襄陽。

國際

英、義談判決裂。

6月2日

二戰區

張茅大道之敵由八政村竄擾聖人澗，經我襲擊，仍
退原處。

國內

我空軍一隊飛鄂西宜城轟炸強渡襄河之敵。

鄂北我軍克復棗陽。

國際

同盟軍據守加萊，英軍以輪船艦千艘向本國撤退。

6月3日

二戰區

夏縣敵六百餘在機砲掩護下由尉郭鎮再犯中條山，
我軍正阻擊中。

國內

粵北我軍克復花縣及良口，並續向南迫進。

鄂北襄陽經我攻克復。

國際

美洲各國代表在巴京舉行汎美洲會議。

6月4日
二戰區

晉城、高平外圍之敵,仍在我軍監圍掃蕩中。

國內

粵我軍克復從化之雞野岡。

鄂敵分由舊口、潛江間各小渡口強渡漢江,與我守軍正激戰中。

國際

同盟軍放棄敦克爾要塞,佛蘭德斯大戰終結。

6月5日
二戰區

晉東南我軍猛襲長治之蔭城鎮,一度衝入鎮內,焚毀敵倉庫。

國內

鄂西襄河兩岸展開激戰。

粵敵反撲雞野岡,與我激戰澈夜,不支南潰。

國際

義內閣通過戰時紀律法令。

6月6日
二戰區

晉東南我軍再向蔭城鎮及高平南北出擊,殲敵五

122 | 閻錫山故居所藏第二戰區史料 **第二戰區抗戰大事記**（1939-1941）
Historical Documents of the Second Theater in the Yan Hsi-shan's Residence
The Daily Records of the Second Theater in the Second Sino-Japanese War, 1939-1941

百餘。

國內

敵機一百二十六架襲川，被我擊落一架。

鄂西渡過襄河之敵已達三萬餘，向宜昌猛犯，與我軍在荊門附近激戰。

國際

德軍大舉進攻巴黎。

6月7日

二戰區

晉城天井關及圍村之敵，分路向我反攻，雙方激戰甚烈。

國際

索姆河流域激戰，魏剛防線被突破。

美總統羅斯福向義大利提出警告。

6月8日

二戰區

晉東南我軍攻下晉城東北之茗山、黑山溝等據點。

國內

粵從化方德之敵被我擊潰。

6月9日

二戰區

高平敵七、八百向晉城增援，我軍正截擊中。

國內

　　鄂西戰事延至荊門、當陽間，敵陸空猛犯，一日間被我擊斃達四千餘。

6 月 10 日
二戰區

　　晉西北五寨靜樂、神池一帶，敵開始蠢動。

國內

　　敵機一百二十六架分批襲渝，被我空軍擊落四架。

國際

　　挪威軍隊投德，挪王哈康奔英。

　　義大利向英、法宣戰，莫索里尼任統帥。

6 月 11 日
國內

　　敵機一百一十七架襲渝，蘇聯使館中彈多枚。

　　我機多架飛鄂西當陽助戰。

國際

　　德軍距法京僅二十五哩，巴黎各機關開始撤退。

　　意軍向法進攻。

6 月 12 日
二戰區

　　晉城外圍我軍向閣莊堅水村（晉城西南）之敵襲擊，斃傷敵多名。

　　晉西北五寨、神池、靜樂一帶，敵數千分股進犯嵐

124 闔錫山故居所藏第二戰區史料 **第二戰區抗戰大事記**（1939-1941）
Historical Documents of the Second Theater in the Yan Hsi-shan's Residence
The Daily Records of the Second Theater in the Second Sino-Japanese War, 1939-1941

縣、岢嵐。

國內

敵機一百五十四架襲渝，被我擊落七架。

鄂西宜昌近郊敵我激戰。

國際

蘇、義就巴爾幹關係成立協定。

6月13日

二戰區

高平敵二、三千陸續向晉城移動。

6月14日

國際

法軍放棄巴黎，德軍開入市內。

6月15日

二戰區

晉城敵千餘向天井關增援。

晉西離石、柳林敵向方山臨縣竄犯。

國內

鄂西敵侵入宜昌，我軍佔據西北郊，繼續抵抗。

國際

蘇聯紅軍佔領立陶宛京城，立內閣改組。

6 月 16 日

二戰區

天井關敵沿晉博公路南犯晉廟舖、欄車鎮與我軍展開激戰。

晉西五塞、靜樂、離石一帶敵偽萬餘蠢動，一部三千餘由五塞、靜樂侵入嵐縣。

國內

敵機三十六架襲渝，被我擊傷一架，落陝雒南縣境。

鄂西我軍反攻宜昌，一度衝入市內。

皖南我軍一度攻克貴池。

6 月 17 日

二戰區

晉博公路沿線欄車鎮一帶，仍激戰中。

晉西北敵一部數百陷岢嵐。另一部六、七百被我軍誘至靜樂西南米峪鎮，痛加圍擊，殲滅殆盡。

國內

蔣委員長在中央黨部擴大紀念週講話，謂歐戰演進與我抗戰有利。

敵機七十五架襲渝。

鄂西敵增援反攻宜昌，與我爭奪甚烈。

國際

德軍佔凡爾登，突破馬其諾防線。

法雷諾內閣辭職，貝當上將組新閣，宣稱法決中止作戰。

126 | 閻錫山故居所藏第二戰區史料 **第二戰區抗戰大事記**（1939-1941）
Historical Documents of the Second Theater in the Yan Hsi-shan's Residence
The Daily Records of the Second Theater in the Second Sino-Japanese War, 1939-1941

6月18日

二戰區

　　晉博公路我軍略向後轉移，敵乘勢猛犯，雙方再展開激戰。

國內

　　鄂西宜昌附近，我軍重新部署阻敵前進。

國際

　　希特勒與莫索里尼會於慕尼黑，商對法休戰事。

　　英首相邱吉爾演說決抵抗到底。

6月19日

二戰區

　　晉博公路西側及劉坪（晉城西南）附近戰甚劇。

國內

　　鄂西我軍克復沙市，衝入江陵。

　　鄂襄河東岸我軍克復豐樂河，續向鍾祥北面掃蕩。

6月20日

二戰區

　　晉西北敵由偏關犯河曲，被我擊退，一部犯臨縣之尅虎寨，亦受重創。

　　晉南我軍向張茅大道出擊，將敵重要據點八政大臣附近之敵交通線，澈底破壞。

國內

　　鄂西我軍向當陽、宜昌間敵軍主力進攻。

國際

英、日簽訂關於天津問題之協定,解決存津白銀問題。

6 月 21 日
二戰區

晉西北敵由偏關、五塞、岢嵐、靜樂、交城、離石等縣抽調萬餘人,大舉進犯,與我軍展開激戰。

國內

湘北我軍向岳陽、臨湘、桃林、羊樓司一帶出擊,斃敵近千。

鄂西當、宜間敵主力被我擊破。

關於越南禁運事我向法提出嚴重抗議。

6 月 22 日
二戰區

晉博公路敵經我連日來不斷襲擊,已大部潰退。

晉西北敵千餘犯保德。

國內

贛北我軍出擊,衝入涂、槎,與敵發生激烈巷戰。

國際

德、法簽訂休戰協定。

美眾院通過四十萬萬圓海軍預算案。

128 閻錫山故居所藏第二戰區史料 **第二戰區抗戰大事記**（1939-1941）
Historical Documents of the Second Theater in the Yan Hsi-shan's Residence
The Daily Records of the Second Theater in the Second Sino-Japanese War, 1939-1941

6月23日

二戰區

　　晉西北向河曲、保德進犯之敵，經我軍分路迎擊，受創甚鉅。

國內

　　關敵威脅法政府停止中、越間貨運事，我王外長發表宣言謂，中國被迫將採取自衛措施。

6月24日

二戰區

　　晉東南我軍一部在安澤西北文華洞襲擊由該處經過之敵，截獲頗多。

　　臨縣沿河之克虎寨，被敵侵佔。

國內

　　敵機一百十五架襲渝，英、法使館遭炸。

　　關於越南禁運事，我向法提出二次抗議。

　　我空軍飛襲宜昌聚集之敵。

國際

　　義、法簽訂停戰協定。

　　法將戴高樂在英組織法蘭西民族委員會，宣言與英合作繼續抗戰。

6月25日

二戰區

　　晉西北之保德縣，被敵侵佔。

國內

敵機一百二十五架分四批襲渝,被我擊落二架。

我空軍再度轟炸宜昌殘敵。

國際

德法宣布停止敵對行動。

6 月 26 日

二戰區

晉西北敵連日分頭竄擾,陷岢嵐、臨縣、方山等縣,我軍正積極襲擊中。

白晉路北段集敵數千,分向榆社、襄垣、武鄉等處,我軍進犯。

國內

敵機一百三十餘襲渝,被我擊落三架。

6 月 27 日

二戰區

晉西北我軍猛攻保德,克之。

洪洞西趙村附近,敵軍數十與我游擊部隊遭遇,激戰數時,敵傷亡甚重。

高平敵一部向城西北楊村一帶竄犯被我擊斃百餘。

國內

敵機九十餘架襲渝。

粵敵連日進犯龍岡、坪山,經我猛烈截擊,向深圳潰退。

130 | 閻錫山故居所藏第二戰區史料 **第二戰區抗戰大事記**（1939-1941）
Historical Documents of the Second Theater in the Yan Hsi-shan's Residence
The Daily Records of the Second Theater in the Second Sino-Japanese War, 1939-1941

國際

蘇聯向羅馬尼亞提出領土要求。

6月28日

二戰區

晉城附近我軍克復城南四十里之新房窊，殲敵百餘。

中條山我軍猛襲張茅大道之八政村，斃敵數十。

晉東遼、沁一帶，敵千餘竄陷榆社。

國內

敵機九十餘架襲渝，被擊落重轟炸機一架。

國際

羅接受蘇聯要求。

6月29日

二戰區

晉東遼、沁一帶敵數千向南竄擾，與我軍激戰中。

晉西北敵分三路竄陷興縣。

國內

我空軍飛鄂西宜昌炸敵。

豫東我軍襲入開封城內，與敵巷戰澈夜。

鄂西宜昌敵二千餘渡江南犯，我軍正痛擊中。

國際

蘇軍開入羅境。

6 月 30 日

二戰區

汾西一帶敵分頭滋擾，均被我擊退。

白晉路北段及由遼縣向西南竄犯之敵，大部被我擊退。

國內

鄂西宜昌渡江南犯之敵被我完全殲滅，同時江北我軍猛攻宜昌。

豫東我軍攻入鹿邑。

國際

德法停戰委員會在威斯巴登開幕。

132　閻錫山故居所藏第二戰區史料 **第二戰區抗戰大事記**（1939-1941）
Historical Documents of the Second Theater in the Yan Hsi-shan's Residence
The Daily Records of the Second Theater in the Second Sino-Japanese War, 1939-1941

7月1日

二戰區

晉西北我軍收復保德。

國內

湘北我軍夜襲岳陽東南之桃林，斃俘敵五百餘。

五屆第七次中央執行委員會在渝開幕。

7月2日

二戰區

晉博公路西側敵向劉坪反攻，被我軍包圍痛擊。

國內

鄂西宜昌敵再渡江南犯，已被我軍圍團痛擊。

國際

美禁止軍需品出口。

德軍在英海峽群島登陸。

日軍艦封鎖香港邊界。

7月3日

二戰區

晉城附近繼續激戰。

國內

鄂西荊、當間我擊破敵據點數處，斃傷敵千餘。

國際

英解決北非阿倫港法艦，雙方發生衝突。

香港實行疏散計畫。

7月4日
二戰區

　　晉博公路之敵二千餘向晉城西南之劉坪一帶進犯，與我軍正鏖戰中。

　　晉西北我軍克復興縣。

國內

　　我空軍一隊飛宜昌轟炸敵軍。

　　敵機數架襲渝，落彈二百餘枚，我文化機關多罹浩劫。

國際

　　英首相邱吉爾發表沉痛演說，報告英、法海軍衝突情形。

7月5日
二戰區

　　晉西北我軍圍攻嵐縣。

國內

　　敵機六十餘架襲渝。

7月6日
二戰區

　　晉城附近我軍反攻劉坪，敵漸不支。

國內

　　湘川路以北之湘西、鄂西、川東長江上流兩岸地區劃為第六戰區，委陳誠為司令長官。

134 | 閻錫山故居所藏第二戰區史料 **第二戰區抗戰大事記**（1939-1941）
Historical Documents of the Second Theater in the Yan Hsi-shan's Residence
The Daily Records of the Second Theater in the Second Sino-Japanese War, 1939-1941

7月7日

二戰區

閻長官告軍政民各級工作同志書，以克服困難、注重實做、努力生產、選拔事務人才四事相勵。

晉西北收復興縣。

第九軍掃蕩張莊敵後，向核桃園追擊，敵自劉坪北潰。

國內

國府明令褒揚張自忠、陳克寶、鄭益翔、鍾毅等殉國將領。

國際

亞歷山大港法軍艦解除武裝。

7月8日

二戰區

白晉路敵分二路西犯，一由沁縣進至靜蘇村，一由新店進至古縣鎮北，與我一九二師陳旅接戰。

一六九師分向聞喜東西山口出擊。

國內

襄東我軍克復馬鞍山，進攻隨縣城郊。

七中全會閉幕，決議設立婦女部，經濟部改工商部。

國際

日艦麕集香港、越南附近。

7 月 9 日

二戰區

萬泉敵百餘，與我二〇一旅，在楊林溝一帶激戰二時。

國內

黃坡城郊激戰。

國際

法國取消政黨制度，改為法西斯政體以貝當為元首。

7 月 10 日

二戰區

萬泉、稷山敵在北逮望囑一帶，與我二〇五旅激戰。

國內

通城出犯敵被我擊退。

國際

英、德空軍在英境首次發生空戰。

7 月 11 日

二戰區

新絳、稷山、榮河、萬泉敵，分八路向稷王山進犯，與我二一八旅，在下王伊、徐家莊、關村等地接戰。

國際

法總統勒白倫辭職，貝當政府宣佈成立，賴伐爾任協理。

136　閻錫山故居所藏第二戰區史料 **第二戰區抗戰大事記**（1939-1941）
Historical Documents of the Second Theater in the Yan Hsi-shan's Residence
The Daily Records of the Second Theater in the Second Sino-Japanese War, 1939-1941

7月12日

二戰區

晉城敵由東西峰頭南犯，被我五八師擊退。

國內

我國政府通知英國關懷英、日談判，緬甸路之維持，對中英關係極為重要。

國際

英、日談判港、緬禁止運華貨品問題。

7月13日

二戰區

稷王山我軍由內線轉至外圍與敵作戰。

國內

粵東我擊退向葛州進攻之偽軍。

國際

英向日提議，滇緬公路暫停運三月。

7月14日

二戰區

二七軍陳師向晉城東西黨莊進擊，敵退巴公鎮。

國際

義空軍轟炸地中海英艦隊。

7月15日

二戰區

本戰區成立軍風紀視察團出發視察。

稷王山敵到處遭我伏擊，開始向後撤退。

國內

敵機五十四架襲渝，被我擊落三架，丁壽康殉國。

敵在鎮海登陸。

7 月 16 日

二戰區

獨四六旅七三八團，進襲解縣南莊之敵。

國內

英對日讓步，蔣委員長重申抗戰決心。外部發表聲明英國邈視條約，違反中立。

國際

敵米內內閣提出辭職。

郭使向英外次提出抗議，謂英方提議停運三月，為中、日成立和平，乃對華之傷害。

7 月 17 日

二戰區

河津西磑口敵向琵琶原我六十一師陣地砲擊，並分三路進攻，我撤至山上。

國內

我軍進攻蕭山城。敵軍侵入鎮海。

國際

美赫爾聲明反對停閉滇緬路。

敵國近衛奉令組閣，決定外相松岡、陸相東條、海相吉田。

138　閻錫山故居所藏第二戰區史料 **第二戰區抗戰大事記**（1939-1941）
Historical Documents of the Second Theater in the Yan Hsi-shan's Residence
The Daily Records of the Second Theater in the Second Sino-Japanese War, 1939-1941

7月18日

二戰區

偽軍張禮率眾反正。

國內

鎮海城郊宏遠、鎮遠兩砲台，均被我包圍。

國際

英日緬甸協定簽字，規定滇緬路停運三月。

7月19日

二戰區

榆社敵東犯講堂鎮，與陳旅接觸。

國際

德國會開會，希特拉發表演說，對理性作最後呼籲。

7月20日

二戰區

騎二師第四團在孝義三河口與偽軍激戰，偽軍退去。

國際

德、義外長舉行會談。

7月21日

國際

立陶宛宣佈建立蘇維埃共和國。

汎美會議開會，討論美洲境內之歐州屬地問題。

7 月 22 日

國內

浙東我軍收復鎮海。

農林部長陳濟棠就職。

國際

英外相廣播拒絕德方和平建議。

7 月 23 日

二戰區

古城敵西犯盤道鎮，經我六九師四一四團襲擊退回。

我軍向嵐縣東村、賢村之敵進襲。

國際

近衛發表施政要點：

一、建設新體制，

二、充實國防，

三、革新外交。

7 月 24 日

二戰區

我四一四團進襲臨汾劉村敵。

國內

我外部對滬工部局之非法移交檔案提出抗議。

7 月 25 日

二戰區

長子敵經石哲鎮向陽魯村進犯，被新八師二四團擊

140 | 閻錫山故居所藏第二戰區史料 **第二戰區抗戰大事記**（1939-1941）
Historical Documents of the Second Theater in the Yan Hsi-shan's Residence
The Daily Records of the Second Theater in the Second Sino-Japanese War, 1939-1941

潰，敵轉向小柿莊。

國內

　　龍州敵西犯水口關。

　　滬領事團開會。

國際

　　德土商約協定簽字。

7月26日

二戰區

　　長治南蔭城敵向潢河進犯，經我二七軍一部擊退。

　　張茅大道敵在居士莊、西溝崖，與七三八團發生遭遇戰。

國內

　　粵東我軍猛攻深圳之敵。

　　水口關敵北擾峒柱。

國際

　　美宣佈廢鐵、石油施行出口許可證制度。

　　德、匈、羅、保在薩爾斯堡開會。

7月27日

二戰區

　　晉城、巴公、高都敵沿晉陵大道東犯，與我預八師激戰於峯頭村一帶地區。

國際

　　日本逮捕英僑九名，及路透社駐日記者考克斯。

7月28日

二戰區

離石李家垣敵向我康家塔陣地，發毒彈廿一枚，我官兵卅餘人中毒。

國際

汎美會組織永久委員會，處理集體代管事宜。

7月29日

二戰區

臨汾西劉村敵向窰院進擾，被我六九師擊退。

汾西敵向洪源上馬村進犯，與我六八師激戰。

國內

龍州敵向弄楊進犯，被我擊回。

國際

克萊琪訪松岡，就英僑被捕事，提出嚴重交涉。

考克斯被迫殞命。

7月30日

二戰區

獨四六旅出襲張矛大道間之南莊。

獨二旅二九團與雙池出犯敵激戰。

國內

張發奎專任第四戰區司令長官，余漢謀任第七戰區司令長官，雷州半島及粵、桂邊境以西為第四戰區，以東為第七戰區。

142 閻錫山故居所藏第二戰區史料 **第二戰區抗戰大事記**（1939-1941）
Historical Documents of the Second Theater in the Yan Hsi-shan's Residence
The Daily Records of the Second Theater in the Second Sino-Japanese War, 1939-1941

國際

汎美二十一國簽訂哈瓦那條約，保證不允許非美洲國家持西半球屬地讓與另一非美洲國家。

7月31日

二戰區

一七七師一〇五八團，向茅津渡北聖人洞進襲。

國內

陪都空戰，我擊落敵機五架。

國際

美參院軍委會通過總統召集國民軍案。

8 月 1 日
二戰區

一七七師一〇五七團，在韓窰附近，與敵遭遇將敵擊退。

敵白晉路開車，首次列車到長治。

國內

全國食糧管理局開始辦公。

我軍衝入應山。

國際

敵首相近衛發表建立大東亞新秩序。

蘇蘇維埃大會開幕，莫洛托夫演辭中，對日開妥協之門。

8 月 2 日
二戰區

古堆敵分兩路向我進犯，被特務團分兵阻退。

二七軍向高平七佛山、米山進襲。

國內

滬領團開會譴責恐怖行動，請工部局制止。

水口關、峒柱敵，被我痛擊，退回龍州。

國際

英倫當局逮捕倭僑三名。

敵越南視察團團長佐薛訪越督德古。

144　閻錫山故居所藏第二戰區史料 **第二戰區抗戰大事記**（1939-1941）
Historical Documents of the Second Theater in the Yan Hsi-shan's Residence
The Daily Records of the Second Theater in the Second Sino-Japanese War, 1939-1941

8月3日

二戰區

　　高都、蔭城出犯敵，被我擊潰，我乘勝向長晉公路襲攻。

　　鄉寧邊境敵進犯黑虎廟，被獨八旅十四團擊退，回竄保圪塔。

國內

　　粵省府發動公耕造產運動。

　　宜昌對岸敵與我激戰於姚家灣附近。

國際

　　英大西洋航空線初次試航。

　　敵派小磯國昭訪問荷印。

8月4日

國際

　　英在香港續捕倭僑。

　　德、義要求土國聲明態度。

8月5日

二戰區

　　秋林守備總司令部及河防總司令部撤消，所有防務改由趙叔鴻旅負責。

國內

　　滬敵檢查員強入郵局檢查信件。

國際

　　法、倭就越南問題舉行談判。

8月6日

二戰區

　　古城鎮敵北擾，經我四〇二團在徐家堡伏擊。

國內

　　四行聯合辦事處組織各省縣農業金融促進會，以發展地方農業。

　　桂南我軍克復上金縣。

國際

　　義軍進佔奧特溫拿。

　　美四十二州代表在華盛頓開會協商加強國防事。

8月7日

二戰區

　　六十一軍向汾河兩岸各據點進襲，劉村敵竄犯金殿鎮，我六九師一部夜襲該鎮。

國內

　　財政部公佈非常時期銀行管理辦法。

國際

　　羅、匈開始談判。

8月8日

二戰區

　　我軍乘暴雨攻入夏縣東關。

國內

　　魯北我軍攻入齊東縣城。

146 闊錫山故居所藏第二戰區史料 **第二戰區抗戰大事記**（1939-1941）
Historical Documents of the Second Theater in the Yan Hsi-shan's Residence
The Daily Records of the Second Theater in the Second Sino-Japanese War, 1939-1941

國際

敵艦百餘艘集中東京灣。

8月9日

二戰區

新絳、絳縣、聞喜敵六百餘，會犯薛店、陽王鎮，遭我中途伏擊退回。

國內

敵機六十三架襲渝，被我擊落三架。

國際

法政府改組殖民地行政機構。

8月10日

二戰區

晉西北我收復河曲、保德、岢嵐三縣。

國內

社會部電全國黨部發動徵募寒衣運動。

8月11日

二戰區

敵我在高平北長平關附近激戰。

國內

敵機九十架狂炸重慶，蘇大使館被炸，我擊落敵機五架。

國際

美江菜少將奉令赴英考察。

8月12日

二戰區

稷山敵向張開西進犯，被我九十軍五三師擊退。

國際

敵京日比谷公園舉行反英大會。

美亞洲艦隊駛赴馬尼剌。

8月13日

二戰區

晉城宮嶺敵，向青蓮寺北莊進犯。

國內

委員長告淪陷區軍民書，盼切認精神重於物質的真理。

國際

英倫被炸，平民死傷具眾。

蘇聯取消部隊政治主任。

8月14日

二戰區

河津敵砲轟佛峪口。

國內

八一四空軍節，航空委員會發表共擊落敵機八百四十八架，擊斃敵空軍人員一一四八名，炸沉敵艦四十艘，炸傷敵艦一五四艘。

閻錫山故居所藏第二戰區史料 **第二戰區抗戰大事記**（1939-1941）
Historical Documents of the Second Theater in the Yan Hsi-shan's Residence
The Daily Records of the Second Theater in the Second Sino-Japanese War, 1939-1941

8月15日

二戰區

汾城、新絳邊境砲戰，敵退古堆。

國內

滬各國駐軍司令開會，決定英防區由美、倭雙方接管。

國際

德機一千三百架襲英。

8月16日

【無記載】

8月17日

二戰區

十八集團軍，開始向正太路兩側突襲，破壞敵人據點工事。

國際

羅斯福會見加總理，對加提供保證。

8月18日

國際

美、加發表聯合聲明，設立永久聯合防禦部。

8月19日

二戰區

古城敵北犯盤道村，經我四三二團擊退。

新絳敵百餘，出犯馬莊、石家莊一帶，被我二一八旅阻擊退回。

國內

敵四千餘向上思進犯。

國際

英軍放棄索馬利蘭。

英撤退駐匈使館。

8 月 20 日

二戰區

十八集團軍分向正太路沿線猛攻，發動所謂百團大戰。

國內

上海英駐軍首途離滬，由萬國商團接防。

敵機一百七十架襲渝，被我擊落四架。

國際

托洛斯基在墨西哥被刺。

8 月 21 日

二戰區

賀龍師向忻縣、靜樂間之奇村、康家會各據點襲擊，並向忻縣鐵路線攻擊。

國內

豫東偽軍劉景正率部反正。

國際

羅、保兩國同意恢復一九一二年前邊界。

閻錫山故居所藏第二戰區史料 **第二戰區抗戰大事記**（1939-1941）
Historical Documents of the Second Theater in the Yan Hsi-shan's Residence
The Daily Records of the Second Theater in the Second Sino-Japanese War, 1939-1941

8月22日

二戰區

晉城敵犯東西鳳頭，與我五四師對戰。

國內

我軍猛攻無為敵陣地。

國際

敵更動大批駐外使領人員。

8月23日

二戰區

預八師夜襲高平之泊村，奪獲重要文件多種。

國內

張治中就三民主義青年團書記長職。

國際

赫爾以備忘錄致堀內，檢討美、倭間懸案。

巴拿馬開始偵察防範第五縱隊活動。

8月24日

二戰區

長治敵向武鄉、沁縣增援。

國際

匈、羅談判宣告破裂。

8月25日

二戰區

二一七旅一部在襄陵西南福壽村北伏擊由古城向辛

店運輸之敵。

國內

皖中我攻入襄安。

國際

英外相通知希總理，英負責保證希臘完整。

8 月 26 日

國內

粵中我軍分路圍攻神岡。

國際

英議會批准以百爾慕他島租借美國。

8 月 27 日

【無記載】

8 月 28 日

二戰區

六五師出擊絳縣之南喬野村。

國內

王外長發表聲明，日軍如侵入越南，我亦將派軍入越。

8 月 29 日

二戰區

第三軍第七師向聞夏以東各山口出擊。

152 | 閻錫山故居所藏第二戰區史料 **第二戰區抗戰大事記**（1939-1941）
Historical Documents of the Second Theater in the Yan Hsi-shan's Residence
The Daily Records of the Second Theater in the Second Sino-Japanese War, 1939-1941

國內

鄂西鴉雀嶺（宜昌東）、河溶（當陽南）等地敵，分路向郭家巷進犯，經我軍在石子嶺伏擊鏖戰。

國際

德、意、羅、匈四國外長在維也納開會，解決羅、匈糾紛。

8月30日

二戰區

我神鷹機轟炸運城之敵軍事目標。

張茅大道東敵向崔家坡進犯，經一七七師補充團痛擊退回。

國際

維也納會議仲裁，羅割外西里尼亞於匈國。

8月31日

二戰區

稷山敵在安村南被我伏擊退回。

國內

桂南我各路大軍圍擊由昌敦進犯鳳凰山之敵。

國際

蘇、德簽訂「調整蘇德邊境關係」條約，規定兩國在波蘭瓜分界線之法律地位。

9月1日

二戰區

敵由榆次、武鄉分路進犯和順、遼縣地區，企圖解正太路之危。

國內

軍委會政治部長張治中視事。

國際

敵向越提通牒要求假道。

9月2日

二戰區

新絳敵向石門峪進犯，被我軍擊退。

國內

湘北我軍出擊長安驛、桃林間各據點。

國際

英、美簽定海軍協定，美以驅逐艦五十艘讓英，英以北美洲沿岸之海陸空根據地租予美方九十九年。

法屬赤道非洲軍隊，參加戴高樂政府。

9月3日

二戰區

本戰區黨政軍民聯席會議開幕。

六五師突破敵鐵絲網，衝入絳縣東關。

國內

英大使由港抵渝。

154 | 閻錫山故居所藏第二戰區史料 **第二戰區抗戰大事記**（1939-1941）
Historical Documents of the Second Theater in the Yan Hsi-shan's Residence
The Daily Records of the Second Theater in the Second Sino-Japanese War, 1939-1941

國際

　　羅馬尼亞鐵衛團發起暴動。

9月4日

二戰區

　　第七師向夏縣外圍之方山廟、傅家斜以西高地敵

進襲。

國內

　　國防最高委員會通過設立山陝監察使署。

　　桂南我軍克上思城。

國際

　　羅王令安多來斯哥組織新閣。

　　希特拉發表演說，申述作戰到底。

9月5日

二戰區

　　興集各界在克難坡召開憲政討論會。

國內

　　湘北我攻入臨湘。

國際

　　敵海相由川古次郎繼任。

9月6日

二戰區

　　二十七軍向壺關、蔭城、太義、高平等處敵攻擊。

國內

國府明令特定重慶為陪都。

國際

羅王加洛爾二世遜位於儲君米琪爾。

9月7日

二戰區

敵第十二次進犯中條山戰事又已展開，自四日起運城、聞喜、絳縣、橫嶺關各據點敵向垣曲進犯，日正在夏縣東北之馬家廟，與我軍激戰。

萬泉敵向馬蘇村進擾，經二〇一旅三九一團擊退。

第九軍五四師由西峯頭向犁川鎮進襲。

國內

桂南擊退進犯越境同登之敵。

國際

法內閣調整，貝當任國務會議主席，魏剛調駐非全權代表。

日、越談判暫行停動。

9月8日

二戰區

陽泉及榆次敵人會向盂縣進犯，與陳榮等部激戰。

國內

滬公共租界捕房破獲大規模恐怖黨窟。

國際

倭寇駐蘇大使東鄉回國，由達川繼任。

156 | 閻錫山故居所藏第二戰區史料 **第二戰區抗戰大事記**（1939-1941）
Historical Documents of the Second Theater in the Yan Hsi-shan's Residence
The Daily Records of the Second Theater in the Second Sino-Japanese War, 1939-1941

9月9日

國內

蘇北敵犯高家塘受重創。

我肅清皖中鳳凰嶺敵。

國際

美加澳紐和解條約簽字。

9月10日

二戰區

第九軍及廿七軍各師，開始向晉城、高平二縣各據點敵猛攻。

國內

行政院會議討論越南問題並決定應付辦法。

國際

義機大舉轟炸地中海。

9月11日

二戰區

晉城方面我第九軍四七師分路攻入欄車鎮及道頭。

九三軍在陽城、高平間向敵據點猛攻。

晉南稷王山我各部隊向敵包圍襲擊，同時以有力部隊在夏縣以西、安邑以東、張店以北地區，對進犯中條山之敵圍攻。

晉城我軍攻克欄車鎮，分路北進包圍犁川鎮。

國內

軍委會發言人承認我已破壞河口鐵橋並進行正當

防衛。

國際

　　義開始肅除國內反戰主義者。

9月12日

二戰區

　　二七軍四六師監圍泊村敵，主力擊破王台、北石店
敵，進抵三里橋，向晉城北郊猛攻。預八師主力由侯
匠、二聖頭直迫東南城角，一度衝入城內後，在高莊、
花園頭、上下輦村之線，向城郊攻擊。

　　第九軍五四師向廿里舖進攻。

　　我軍克復犂川，猛攻晉城，一度衝入城內，在高
莊、三里橋等處激戰，並分路包圍泊村官嶺之敵，由
天井關繞襲敵軍之我軍克復香佛村及向南嶺二十舖牽制
敵軍。

　　我軍與敵在陽城城郊激戰。

國內

　　豫北我軍在沁陽與敵激戰。

國際

　　美堪維爾城軍火廠發生猛烈爆炸。

9月13日

二戰區

　　晉城境敵千餘由巴公鎮向泊村北石店增援被我四六
師擊退。第九軍向晉博路猛攻。預八師在花園頭、上下
輦向敵猛攻。四六師一度突入城內。九三軍新八師在高

158 | 閻錫山故居所藏第二戰區史料 **第二戰區抗戰大事記**（1939-1941）
Historical Documents of the Second Theater in the Yan Hsi-shan's Residence
The Daily Records of the Second Theater in the Second Sino-Japanese War, 1939-1941

平北向敵猛攻，將太義鎮公路破壞。迄晚泊村敵向我反攻，向王台前進，經我分由大小張村將敵擊退。

我軍在泊村阻擊高平南下敵軍，並將大義一帶公路破壞。

晉城城郊及各據點敵向外突圍，展開激烈戰爭。

向王台前進，經我分由大小張村將敵擊退。

國內

蘇境我軍一度攻入高郵。

國際

義機轟炸埃及沿海，英艦隊集中多得喀尼斯群島附近。

羅斯福發表演說，全力避免美洲捲入戰爭。

9月14日

二戰區

二七軍仍在晉城城郊與敵血戰，上輦村展開爭奪戰，敵機三架助戰，經預八師擊退。泊村敵千餘，分三路向南北焦莊、上下元慶、北石店反攻，徹夜在血戰中。

第九軍將浪井、犁川公路破壞。

我軍在晉城東上輦村與敵展開激烈爭奪戰，卒將頑敵擊退，乘勝向城關猛攻。泊村敵三路突圍，與我在南北吳莊、折馬溝等地激戰。城內敵向七嶺村反撲，在虎頭村激戰。

國內

鄂境漢、沔邊境，敵我混戰。

國際

義軍佔領利比亞附近之英軍根據地索倫姆。

9 月 15 日

二戰區

第九軍四七師續向桶車鎮、東嶺口、南嶺、上周村鎮等處進攻。敵井關師團長到高平指揮軍事。

我再度進襲欄車鎮、東嶺、南嶺,並破壞至犁川公路。

國內

豫北我軍襲攻溫縣。

國際

英白金漢宮被炸。

9 月 16 日

二戰區

晉東南我軍向蔭城至壺關向敵攻擊。

莒山敵向程家溝范軍右側繞攻,被擊退,晉城敵向黃、陳兩師反攻激戰,我廿七軍與第九軍仍向城關進攻。

九三軍攻擊高平關,將一五〇七高地佔領,另一部平南截擊晉高交通上敵。

國內

敵機六十架襲渝。

國際

美徵兵法案羅斯福舉行簽字儀式。

160　閻錫山故居所藏第二戰區史料 **第二戰區抗戰大事記**（1939-1941）
Historical Documents of the Second Theater in the Yan Hsi-shan's Residence
The Daily Records of the Second Theater in the Second Sino-Japanese War, 1939-1941

9月17日

二戰區

　　芮城朱呂溝竄到敵一部，經一零四師擊退。

國內

　　韓國光復軍總司令部在渝成立。

國際

　　保代表團抵羅，商割地問題。

9月18日

二戰區

　　陽泉、壽陽、榆次、忻縣、定襄等處敵，會向盂縣
以北地區進犯。

國內

　　上海公共租界商團衛兵白俄擊斃我留居租界內孤軍
一人，傷一人。謝團長聲明，準備為真理正義而犧牲。

國際

　　德、義兩外長會晤，討論西班牙參戰問題。

9月19日

二戰區

　　翟店敵向劉和村進犯，經警衛第二總隊擊退。

國內

　　關於擊斃孤軍事，外部向英、美大使提出嚴重抗議。

國際

　　敵天皇召集重要會議。

9 月 20 日
二戰區

廿七軍續由大嶺頭東西謝匠、花園頭，向晉城猛攻，第九軍亦由茶園向城郊進攻。

九三軍破壞長治、高平間公路，補一團並向長子圍攻。

國內

桂境我軍渡河，進攻扶南。

鄂大冶敵出犯，被我擊退。

國際

法內閣討論日本提出之新要求。

9 月 21 日
二戰區

一七七師九七團攻擊前灘之敵，九八團猛攻曹張，獨四旅張矛東側破壞太冤以南公路。

國內

邕龍路南側我軍克復峙浪後，在長橋附近與敵惡戰三晝夜。

9 月 22 日
二戰區

晉城增援敵自昨日起向公路東高都水北之線反攻後，敵機六架更番轟炸搏戰至烈，經預八師白宮嶺、二聖頭側擊，敵勢頓挫，與我仍在原戰地激戰。

162　閻錫山故居所藏第二戰區史料 **第二戰區抗戰大事記**（1939-1941）
Historical Documents of the Second Theater in the Yan Hsi-shan's Residence
The Daily Records of the Second Theater in the Second Sino-Japanese War, 1939-1941

國內

　　蔣夫人通電全國，徵募藥品。

國際

　　法國對倭妥協，越南當局在與日簽訂協定，允許日
軍利用越南領土設海陸空根據地。

9月23日

二戰區

　　第九軍續向晉博公路欄車鎮、晉陽公路周村鎮攻擊。

　　高都敵增敵千餘，沿晉陵大道向東反攻。

國內

　　我外部向法提嚴重抗議聲明，因此而生之損失及影
響，法方應完全負責。

國際

　　敵機轟炸諒山。

9月24日

二戰區

　　向晉陵大道猛犯敵，與我四七師在東西黨莊激戰。

　　向盂縣以北進犯之敵，與八路軍在滹陀河沿岸活川
口、梁家寨、御棗口激戰後，開始向原據點潰退。

國內

　　粵西克復防城。

國際

　　泰國組織代表團進行與越舉行劃界談判。

9月25日
二戰區

犧盟總會舉行四週年紀念會，閻長官親臨訓話。

國內

行政院通令全國對信仰回教者一律稱回教徒。

國際

我海外部長吳鐵城至馬尼刺訪問菲總統。

9月26日
二戰區

晉城敵增援天井關、黃道頭向石槽村猛烈反攻，與第九軍第四七師激戰。

國內

國府明令國大會期另行決定。

國際

美復興銀行董事長瓊斯宣布：美國進出口銀行以二千五百萬美元貸予中國。

9月27日
二戰區

汾城古堆敵竄擾福壽村經我第六九師第四一四團迎擊退回。

國內

敵在華北統制貿易，禁止皮毛輸美。

國際

德、義、日三國協定下午一時在柏林簽字，條約內

164 | 閻錫山故居所藏第二戰區史料 **第二戰區抗戰大事記**（1939-1941）
Historical Documents of the Second Theater in the Yan Hsi-shan's Residence
The Daily Records of the Second Theater in the Second Sino-Japanese War, 1939-1941

互相承認建立歐亞新秩序，及被目前尚未參加歐戰或中日爭端之國家攻擊時，彼此用政治、經濟、軍事上各種方法，互相協助，並組織聯合技術委員會。

9月28日
二戰區

晉城敵竄至東西風頭。

國內

邕賓三、四塘敵出犯受挫。

國際

赫爾表示，三國同盟不能改變國際形勢。

9月29日
二戰區

東西風頭敵，南向我第九軍四七師及五四師接合防地衛道村猛攻，迄晚敵侵入劉坪。

國內

蘇南我軍進襲鎮江。

國際

泰國向越提出新條件，要求劃界，飛機一架飛越境掃射。

9月30日
二戰區

侵入劉坪敵，被五四師擊退，敗竄天井關。

國內

　王外長聲明，不承認所謂大東亞新秩序。

　敵機四十五架，濫炸昆明市。

國際

　英境日僑，奉令撤退。

閻錫山故居所藏第二戰區史料 **第二戰區抗戰大事記**（1939-1941）
Historical Documents of the Second Theater in the Yan Hsi-shan's Residence
The Daily Records of the Second Theater in the Second Sino-Japanese War, 1939-1941

10月1日

二戰區

我獨二旅向雙池鎮敵圍攻。

國內

行政院通過山西省戰時視察委員會組織大綱。

魯西我軍攻入高唐。

國際

赫爾與英使樂相就三國同盟事會談。

10月2日

二戰區

汾城敵向盤通村我第六九師四一四團防地進犯，激戰一時敵不支退回。

國內

豫北我軍猛攻溫縣西關。

國際

英、美交換意見，決定開放滇緬路。

10月3日

二戰區

騎一師收復靈石縣屬之雙池鎮。

國內

我空軍飛北平散發蔣委員長告民眾書。

國際

敵酋杉山元任陸軍參謀總長兼大本營參謀長。

敵軍在海防登陸。

10 月 4 日
二戰區

武士敏軍在沁水、陽城間之夫妻嶺、富店與敵搏戰。

國內

新登蕭山敵南犯諸暨。

成都發生空戰。

國際

希特拉與莫索里尼在勃倫納會晤。

10 月 5 日
二戰區

騎二師第四團一營,在孝義河底村一帶,與敵展開遭遇戰。

國內

贛北我軍分路渡過撫河,向敵猛攻。

國際

松岡對國際新聞社記者表示,苟美國參戰或堅持太平洋上之現狀,則日本擬對美宣戰。

10 月 6 日
國內

南昌近郊,我克萬壽宮。

國際

入埃及境義軍開始東攻。

168 | 閻錫山故居所藏第二戰區史料 **第二戰區抗戰大事記**（1939-1941）
Historical Documents of the Second Theater in the Yan Hsi-shan's Residence
The Daily Records of the Second Theater in the Second Sino-Japanese War, 1939-1941

10月7日

二戰區

本戰區通令各軍，負責實行保護山下人民食糧辦法。

國內

我出擊瑞武公路敵。

國際

德軍一萬五千人開入羅馬尼亞。

10月8日

二戰區

晉城敵一部，向郭壁一帶進犯，被我擊退。

國內

皖南我軍在涇縣馬頭鎮與敵血戰。

國際

敵軍開入河內。

英大使通知敵外相，決定重開滇緬路。

10月9日

二戰區

獨四七旅第七三九團在猗、萬間大閻鎮附近伏擊，
毀敵汽車六輛。

國內

我軍破壞漢宜公路。

10 月 10 日

二戰區

第六九師四一三團，在趙城李莊擊退掩護修橋敵人。

國內

我軍分向邕欽路各據點襲擊。

國際

蘇聯向英、美提出保證，對華政策仍保持舊觀。

10 月 11 日

二戰區

遼縣、武鄉敵會向洪水鎮、宋家莊進犯。

國內

贛東我軍攻入馬當。

國際

蘇、芬成立埃倫特協定。

10 月 12 日

二戰區

向洪水進犯敵，侵入蟠龍鎮，潞城敵北犯亦攻陷上窰鎮。

國內

宣城、廣德我與敵展開血戰。

國際

德軍開入羅京。

170 | 閻錫山故居所藏第二戰區史料 **第二戰區抗戰大事記**（1939-1941）
Historical Documents of the Second Theater in the Yan Hsi-shan's Residence
The Daily Records of the Second Theater in the Second Sino-Japanese War, 1939-1941

10月13日

國內

宜昌我砲兵轟擊敵機場，毀敵機十四架。

我軍克復宣城。

國際

土耳其駐蘇大使亞克泰奉召返國。

10月14日

二戰區

臨汾敵經鴨兒溝、亂石灘，向楊家莊進犯，我六九師於接戰後，退塔兒山據險抵抗。

國內

宣、涇一帶已無敵踪。

國際

英對羅實施封鎖。

10月15日

二戰區

晉東北敵進犯靈邱城東南之寨上，與邊區軍激戰。

國內

桂南我軍攻入龍州西門。

國際

英外相與我郭大使商談經濟援華，及決定開放滇緬路兩事。

10 月 16 日

二戰區

軍渡、東山敵，向河西宋家川砲擊七十餘發。

國內

桂南我軍猛襲四塘等處。

國際

美國民開始準備軍役登記。

10 月 17 日

二戰區

晉城東嶺口敵，向西峰頭進犯，被我擊退。

國內

浙江諸暨城郊，發生激戰。

國際

滇緬路於午夜，復行開始運輸。

10 月 18 日

二戰區

我出擊部隊在臨汾西峪口村與敵激戰，毛營長學賢殉國。

潞城敵千餘，佔領黎城，向東陽關進犯。

國內

滇緬路開始貨運。

克復奉新我軍進抵乾州街。

國際

港政府聲明恢復香港、中國間之貿易。

172 | 閻錫山故居所藏第二戰區史料 **第二戰區抗戰大事記**（1939-1941）
Historical Documents of the Second Theater in the Yan Hsi-shan's Residence
The Daily Records of the Second Theater in the Second Sino-Japanese War, 1939-1941

10月19日

二戰區

我機二架，飛運城偵察。

國內

戴院長離渝出國，訪問緬、印。

皖南克復郎溪。

浙中克復諸暨。

國際

敵經濟代表團抵越開始談判。

10月20日

二戰區

翼曲、絳縣敵，向董封郇王村反攻。

國內

浙中敵犯蕭山。

國際

英、德隔海砲戰。

10月21日

二戰區

進犯濁漳河兩側敵，與八路軍劉伯承部在西井、盤
馨等地，展開激戰。

國內

邕龍路克復思樂縣。

國際

義向希臘要求，著與英斷絕商務關係，經希政府

拒絕。

10 月 22 日
二戰區
新絳敵向石門峪進擾，被當地武裝擊退。

晉城天井關敵向郜街反攻，被第九軍擊退。
國內
諸暨敵北竄三江口。
國際
德在大西洋，對英開始潛艇閃擊戰。

10 月 23 日
二戰區
敵軍攻入沁源地區大肆屠殺。
國內
桂南我軍三路圍攻南寧。
國際
希特拉、佛郎哥在法國西境會晤。

10 月 24 日
國內
浙敵進犯紹興。

谷正綱任社會部長
國際
敵駐偽組織特使阿部由滬返倭。

174 | 閻錫山故居所藏第二戰區史料 **第二戰區抗戰大事記**（1939-1941）
Historical Documents of the Second Theater in the Yan Hsi-shan's Residence
The Daily Records of the Second Theater in the Second Sino-Japanese War, 1939-1941

10月25日

國內

　　浙東偽軍周振廷等返正。

國際

　　英政府決拒絕德國任何和平建議。

10月26日

二戰區

　　由風陵渡小里鎮東犯敵，攻陷芮城，我一一七師趕至大小溝南與敵激戰。

國際

　　美政府致牒貝當，希將歐州局勢之發展，用可能方法通知美國。

10月27日

二戰區

　　騎一軍向兌九峪、胡家窰、高陽鎮，開始總攻。

國內

　　桂南我克復龍津關。

國際

　　義、希局勢緊張，航空停止，電話斷絕。

10月28日

二戰區

　　新絳鼓堆敵向高莊、喬溝頭進犯，與我二一零旅激戰竟日。

國內

浙東克復紹興城。

桂南收復龍州。

國際

希特勒、莫索里尼舉行會議。

義軍開始侵入希臘，希王喬治聲明誓死抗戰。

10 月 29 日

二戰區

山西光復紀念日，各界公祭革命先烈。

國內

敵軍自南寧撤退，放火焚燒，並毀鬱江大橋。

國際

英陸空軍協助希軍作戰。

10 月 30 日

二戰區

汾城北古城、趙曲敵，向浪泉村進犯，被二一七旅第四零三團擊退。

國內

我軍收復南寧並向敵進擊。

國際

阿、希邊境希軍放棄第一防線。

閻錫山故居所藏第二戰區史料 **第二戰區抗戰大事記**（1939-1941）
Historical Documents of the Second Theater in the Yan Hsi-shan's Residence
The Daily Records of the Second Theater in the Second Sino-Japanese War, 1939-1941

10月31日

二戰區

騎一軍收復孝義縣之敵重要據點兌九峪。

國內

我大軍渡過邕江，中路已至大塘，西路克復憑祥。

國際

希軍開始返攻，厄比魯斯義軍被擊退。

11 月 1 日
二戰區

　　和順、遼縣敵增長城鎮、講堂鎮，與沁縣、武鄉敵，會向榆社進犯。

國內

　　浙境我攻抵蕭山城郊。

國際

　　希軍攻入阿境。

　　南斯拉夫宣告中立。

11 月 2 日
二戰區

　　敵軍侵入榆社城。

國內

　　桂南克復大塘。

11 月 3 日
二戰區

　　兒童保育會山西分會召開理事會。

國內

　　平而關已無敵軍。

國際

　　英艦開克里特島。

閻錫山故居所藏第二戰區史料 **第二戰區抗戰大事記**（1939-1941）
Historical Documents of the Second Theater in the Yan Hsi-shan's Residence
The Daily Records of the Second Theater in the Second Sino-Japanese War, 1939-1941

11月4日

二戰區

　　黎潞北犯敵，在東田鎮、蟠龍鎮一帶被八路軍擊敗，退西營鎮。

國內

　　贛北光復萬壽宮。

國際

　　英、義在科孚島發生海戰，希軍砲轟科律薩城。

　　荷印宣布不加入亞洲經濟集團。

11月5日

二戰區

　　汾南各縣敵千餘，向稷王山一帶進擾，與我二零一旅在冰池、丈八等處，發生激戰。

國內

　　桂南克復平樂橋。

國際

　　羅斯福競選勝利，三度連任總統。

11月6日

二戰區

　　晉城境我軍進攻天井關。

國內

　　桂我軍克復鎮南關。

國際

　　威爾基廣播保證共和黨擁護羅總統。

11 月 7 日

二戰區

稷王山敵將杜嶺、冰池、上下王尹橋、南徐家莊等村焚毀後退回原據點。

國內

上海法當局與日偽成立協定，允許偽組織接收法租界法院。

國際

蘇聯十月革命紀念日，加里寧重申嚴守中立之決心。

11 月 8 日

二戰區

敵華北軍總司令多田駿在臨汾招開晉南敵軍官會議。

國內

我外部向法提出嚴重抗議。

國際

英機夜襲慕尼黑酒店。

11 月 9 日

二戰區

晉冀察邊區外圍敵分十三路進犯。

國內

我軍十三次克復平樂橋。

國際

英前首相張伯倫逝世。

閻錫山故居所藏第二戰區史料 **第二戰區抗戰大事記**（1939-1941）
Historical Documents of the Second Theater in the Yan Hsi-shan's Residence
The Daily Records of the Second Theater in the Second Sino-Japanese War, 1939-1941

11 月 10 日

二戰區

> 臨汾敵強令居民，自本日起佩帶良民證。

國際

> 莫洛托夫赴德。

11 月 11 日

國內

> 南昌東南我軍突襲蓮塘。

國際

> 英機夜襲大蘭多，炸毀義主力艦三艘。

11 月 12 日

二戰區

> 新絳敵向萬安杜莊進犯，經二一八旅中途襲擊退回。

國內

> 贛北我軍擊退瑞昌西犯敵。

國際

> 德、蘇外長舉行會議。

> 法國解散勞資有力團體。

11 月 13 日

二戰區

> 東辛村敵被我壓迫，退曲沃城內。

國內

> 行政院決議，派張羣為四川主席，谷正倫為甘肅

主席。

國際

敵皇召開御前會議。

11 月 14 日

二戰區

臨晉敵向大嶺山進犯，與我激戰二小時不支退去。

國內

桂我軍收復欽縣城。

國際

英宣布成立遠東英軍總司令部並任波普敦為總司令。

希軍恢復戰前陣地。

11 月 15 日

二戰區

汾南我軍佔領聞喜敵據點冰池村。

國際

法、義舉行軍事會議。

11 月 16 日

二戰區

長子敵侵佔石哲鎮，續向西進犯，與九三軍激戰。

國內

粵西沿海已無敵踪。

國際

越、泰談判陷入僵局。

182 | 閻錫山故居所藏第二戰區史料 **第二戰區抗戰大事記**（1939-1941）
Historical Documents of the Second Theater in the Yan Hsi-shan's Residence
The Daily Records of the Second Theater in the Second Sino-Japanese War, 1939-1941

11月17日

二戰區

長治南蔭城敵向西火鎮進擾，被我擊退。

國內

由通城、崇陽進犯大沙坪敵已被擊退。

國際

法、德宣佈成立經濟協定。

11月18日

二戰區

向石哲鎮以西岳陽村進犯敵，被九三軍馬師擊潰，我軍收復岳陽村及石哲鎮。

國內

佔阜平敵建築曲阜公路。

國際

泰、越在老撾區發生衝突。

11月19日

二戰區

洪、趙敵東犯安澤、沁水，沿途燒殺甚慘。

國內

進犯大洪山西麓之敵被我擊敗。

國際

敵向越要求在西貢登陸。

11 月 20 日
二戰區

晉城東宮嶺敵進據白洋、泉河。

國際

匈牙利加入三國同盟。

11 月 21 日
二戰區

進佔白洋、泉河敵，續向柳樹口進犯。

國內

我向至德敵開始反攻。

國際

美國駐法大使由海軍上將李海繼任。

11 月 22 日
二戰區

向晉東進犯敵佔領沁源，居民被慘殺者無數。

國內

國府通令全國禁絕貪污、取締營利。

國際

希軍進據科律薩。

11 月 23 日
二戰區

由晉城犯柳樹口敵被擊退。

184 閻錫山故居所藏第二戰區史料 **第二戰區抗戰大事記**（1939-1941）
Historical Documents of the Second Theater in the Yan Hsi-shan's Residence
The Daily Records of the Second Theater in the Second Sino-Japanese War, 1939-1941

國內

襄河兩岸敵部署五個兵團開始蠢動。

國際

羅國加入三國同盟。

11月24日

國內

鄂中、鄂北展開劇戰，長壽店敵被擊退。

國際

敵元老西園寺病故。

斯洛伐克加入軸心公約。

11月25日

二戰區

我軍破壞由汾城至尉氏敵所設之電線。

國內

襄河兩岸我開始總攻。

國際

赫爾闡明美國政策以八項原則為基礎。

11月26日

二戰區

古城南辛店敵向許村我二一七旅進犯，激戰四小時。

國內

襄河西仙居、曾家灣我馮集團與敵展開激戰。

國際

　　義軍撤守奧斯特羅里茲山新防線。

11 月 27 日
二戰區

　　臨晉敵由高底村向義堂村，我三九二團進犯，我軍轉至趙村，敵向西北退去。

國內

　　襄花路我孫集團，與敵在淨明舖、厲山展開爭奪戰。

國際

　　撒丁島海上英、義發生海戰。

11 月 28 日
二戰區

　　絳縣、橫水敵向任村、上張村及一二八二高地進犯。

　　黑龍關敵進佔化樂鎮。

國內

　　蔣總裁召宴國大海外代表。

國際

　　越、泰軍隊在柬埔寨發生大衝突。

11 月 29 日
二戰區

　　臨晉、榮河敵在大嶷山一帶竄擾。

國內

　　襄花路、京鍾路及襄河西敵均被我擊退原陣地。

186 | 閻錫山故居所藏第二戰區史料 **第二戰區抗戰大事記**（1939-1941）
Historical Documents of the Second Theater in the Yan Hsi-shan's Residence
The Daily Records of the Second Theater in the Second Sino-Japanese War, 1939-1941

國際

敵艦集中海南島。

11月30日

二戰區

解縣南我軍擊退向陌南鎮西擾掌公村之敵。

國內

汪逆與阿部簽訂所謂調整中日關係的賣國條約。

王外長聲明偽組織任何行動完全無效。

國府明令通緝汪逆。

我再克鎮南關，廣西全境無敵踪。

國際

羅斯福宣布對華貸款五千萬元。

英、美不承認偽政府。

12月1日

二戰區

榮河敵經楊蓬村向莊頭我二零一旅三九二團進犯。

國內

彭澤敵分四路向我進犯，在馬路口、黃土嶺激戰。

國際

蘇聯向敵聲明，對華政策不變。

12月2日

二戰區

行政院決議任命席尚謙、杜任之、徐士琪、白老沂為山西省政府委員。

國內

委座接見記者謂，各友邦制止日寇侵略，可消除太平洋上禍患。

國際

野村承認美、倭關係緊張。

12月3日

二戰區

敵酋多田飛抵臨汾，校閱晉南敵軍。

國內

蘇南我軍分襲高淳、溧水。

國際

義、希軍在南洛德爾維那激戰六日後，希軍大獲勝利，向前推進。

188 | 閻錫山故居所藏第二戰區史料 **第二戰區抗戰大事記**（1939-1941）
Historical Documents of the Second Theater in the Yan Hsi-shan's Residence
The Daily Records of the Second Theater in the Second Sino-Japanese War, 1939-1941

12月4日
國內
中央整飭軍紀，槍決石友三。

我軍克復黃土嶺、鳳凰山。
國際
德宣佈不承認偽組織。

12月5日
二戰區
洪、趙、霍、靈敵軍，分兩路向汾西進犯，與我四零五團及四一零團在和平村一帶激戰。

長治、潞城數縣敵進陷平順。
國內
鄂西克復九花寨。
國際
英、土成立新協定。

希軍開入埃達港。

12月6日
【無記載】

12月7日
二戰區
晉西北敵分區實行所謂冬季掃蕩。

臨汾、浮山敵，分路向臥虎山、賀家莊，我六九師四三五團進犯。

國內

敵艦在洞庭湖肆擾，被砲兵擊退。

國際

蘇遠東軍區開會。

12 月 8 日

二戰區

進犯汾西和平村敵，被六十八師壓迫退至白衣村原上。

國內

皖南青陽我軍將大小毛嶺攻克。

國際

法任鄧茲為駐敘利亞專員。

12 月 9 日

二戰區

臨汾、大陽敵至龐社村、梁村游擊，與我四三五團接觸，戰半小時退去。

國內

軍委會下令調新四軍於十二月卅一日以前開長江以北，三十年一月底開黃河以北地區作戰。

國際

敵外相發表強調三國公約談話。

190 | 閻錫山故居所藏第二戰區史料 **第二戰區抗戰大事記**（1939-1941）
Historical Documents of the Second Theater in the Yan Hsi-shan's Residence
The Daily Records of the Second Theater in the Second Sino-Japanese War, 1939-1941

12月10日

二戰區

　　新絳鼓堆敵向我高莊、橋溝頭進犯，經四零七團擊退。

國內

　　我向貴池東南進襲，佔領沙子嶺。

國際

　　英宣佈以一千萬鎊貸華。

12月11日

二戰區

　　新絳、聞喜敵，分路向汾南支北莊、文社莊進犯，與我二一八旅激戰。

國內

　　敵艦一艘在安慶江面被我砲兵擊沉。

國際

　　英軍轟炸萊因河流域。

12月12日

二戰區

　　我四一五團在洪洞韓家莊、曹家莊伏擊由萬安退回之敵偽。

國內

　　我軍向蓮塘東北地區進襲。

國際

　　英軍在非克復西提巴拉尼。

南、匈簽訂友好條約。

12 月 13 日
二戰區

晉城我軍猛襲伏頭山。

國內

我軍克復崇陽沙帽山。

國際

泰、越飛機相互轟炸。

12 月 14 日
二戰區

集中離石之敵向臨縣、方山一帶進犯。

國內

鄂東我向黃梅附近敵襲擊。

國際

義法西斯黨開始肅清異己。

貝當宣布賴伐爾撤職，佛蘭亭繼任外長。

12 月 15 日
國內

我軍向陽新附近敵猛襲。

國際

英軍佔領索倫姆。

法設諮政院。

192　閻錫山故居所藏第二戰區史料 **第二戰區抗戰大事記**（1939-1941）
Historical Documents of the Second Theater in the Yan Hsi-shan's Residence
The Daily Records of the Second Theater in the Second Sino-Japanese War, 1939-1941

12月16日

二戰區

我空軍轟炸同蒲路安邑、運城各敵據點。

由柳林進佔磧口敵復竄馮家會。

國內

國府公佈縣參議員及鄉鎮民代表候選人考試暫行條例。

國際

德特使阿培茲赴維琪向法提出建議。

12月17日

二戰區

河津敵二百餘向西平原進犯，被我擊退。

國內

贛、皖邊境我克復東山嶺。

國際

賴伐爾獲釋赴巴黎。

貝當批准供德軍費七百三十萬萬法郎。

12月18日

二戰區

第三軍一部攻克夏縣南小呂村敵據點。

國內

當陽敵犯馬家店被擊退。

國際

德軍開入義境。

12 月 19 日

二戰區

　　馮家會敵經我襲擊退回，沿途焚燒殘殺。

國內

　　荊門敵犯樂鄉關被我擊退。

國際

　　美使格魯與敵松岡、野村在日美協會發表針對之演詞。

12 月 20 日

二戰區

　　臨縣西犯敵進佔尅虎寨，隔河砲擊葭縣。

國內

　　荊門許家灣敵被我擊潰回竄。

國際

　　北非英軍包圍巴第亞。

　　英、美進行軍火談判。

12 月 21 日

二戰區

　　岢嵐敵增至二千，汾陽敵村井部亦調動準備西犯。

　　白文鎮敵向臨縣增援，中途被我伏擊。

國內

　　南昌東南我軍夜襲浛口。

國際

　　赫爾發表談話支持格魯演說。

閻錫山故居所藏第二戰區史料 **第二戰區抗戰大事記**（1939-1941）
Historical Documents of the Second Theater in the Yan Hsi-shan's Residence
The Daily Records of the Second Theater in the Second Sino-Japanese War, 1939-1941

12 月 22 日

二戰區

晉城東宮嶺敵向峯頭進犯，與我廿七軍激戰。

國內

武寧敵南犯鼓響嶺，被我擊退。

國際

英王任哈里法克斯為駐美大使，艾登為外相。

12 月 23 日

二戰區

晉城天井關、欄車鎮敵，向郜街進犯，與我第九軍
激戰，另敵一部由柳樹口南犯漢高城。

國內

前成都市長楊全宇囤集食糧，在渝服法。

中央明令發表第二屆參政員名單。

國際

日泰友好條約在曼谷互相批准生效。

英在百爾慕他島檢查赴德倭僑。

12 月 24 日

二戰區

敵復陷方山、臨縣、嵐縣。

國際

德軍集中羅國邊境。

12 月 25 日
二戰區

由漢高城犯羅河敵，被我張師擊退回竄欄車。

國際

義軍向發羅那港退卻。

12 月 26 日
二戰區

敵千百餘復陷興縣，與高旅在城郊激戰。

國內

天門、岳口敵進犯賴家場與我血戰。

國際

德軍隊開入羅境。

保王召開御前會議。

12 月 27 日
二戰區

晉城敵向蓄糧掌進犯。

國內

中英出口信用保證協定，延期半年。

12 月 28 日
二戰區

靈石碾則塲敵百餘，向牛郎嶺進犯，與我獨二旅孔團四連激戰，該連撤至蔡家溝，孔團派殷營接應李營側擊。

196 | 閻錫山故居所藏第二戰區史料 **第二戰區抗戰大事記**（1939-1941）
Historical Documents of the Second Theater in the Yan Hsi-shan's Residence
The Daily Records of the Second Theater in the Second Sino-Japanese War, 1939-1941

蓄糧掌敵侵至劉坪，被我第九軍王師擊退。

國內

蔣委員長下令嚴屬整頓物價，保障正當商人合法
營運。

國際

法拒絕希特勒使用海軍之要求。

12月29日

二戰區

殷、李兩營與敵在長史莊展開激戰，敵不支退回碾
則墕。

敵軍退出興縣。

國內

綏西進犯恩格貝敵被我擊退。

國際

美總統發表爐邊談話，反對和平運動。

12月30日

二戰區

陌南鎮敵向我暫四五師韓團三營進犯，激戰數小時
後，敵向通化鎮退去。

國內

六年禁煙計劃完成，委員長通電勗勉全國同胞。

國際

越、倭商務談判開會。

12 月 31 日

二戰區

二十七軍陳師襲擊壺關，李師進襲米山。

國內

晉冀察邊區敵退出阜平。

國際

荷印開始統制進口。

民國 30 年（1941）

1 月 1 日
二戰區
本戰區定本年為進步年。

晉西北敵復陷興縣。
國內
委座發表告國民書，以加緊國防經濟建設、實現新生活勉勵國人。
國際
英公佈去年德機損失，二千九百九十三架。

1 月 2 日
二戰區
沁水敵北犯，與劉師激戰。
國內
皖南我軍衝入貴池西門。
國際
義、希軍在希瑪拉以北展開大戰。

1 月 3 日
二戰區
洪、趙敵偽進攻廣勝寺一帶叛軍，燒民房三百餘間。
國內
我與英成立郵務協定。

200 閻錫山故居所藏第二戰區史料 **第二戰區抗戰大事記**（1939-1941）
Historical Documents of the Second Theater in the Yan Hsi-shan's Residence
The Daily Records of the Second Theater in the Second Sino-Japanese War, 1939-1941

國際

　　法海長達爾朗兼任協理。

1月4日

二戰區

　　姚旅一部，分襲絳縣東南陳村、郭家莊各據點敵。

國內

　　新四軍潛開茂林（涇縣南）三路襲擊四十師，顧長
官下令制裁。

國際

　　北非英軍開始閃擊戰。

1月5日

二戰區

　　襄陵敵北犯臨汾枕頭村，被我七二師二六團在李家
灣、樊南莊一帶擊退。

國內

　　粵境我軍攻入江門。

國際

　　英軍克復巴第亞。

1月6日

二戰區

　　敵機在鄉寧市空散放傳單。

國內

　　敵運輸艦一艘在安慶觸雷沉沒。

國際

美總統向國會提出咨文，表示援助反侵略之民族。

1 月 7 日
二戰區

興縣敵退至普明鎮。

國內

政院通過統一貨運檢查條例。

1 月 8 日
二戰區

天井關敵東經大池頭向郜街進犯，被張師擊退。

國內

我軍克復通城西南之黃岸市。

國際

英軍包圍多布魯克。

1 月 9 日
二戰區

萬泉敵在皇甫村、小淮村一帶燒殺，我四三師乘勢堵擊，敵不支退去。

國內

增城敵進擾太和市被我中途伏擊。

國際

德軍開入保加利亞。

202 閻錫山故居所藏第二戰區史料 **第二戰區抗戰大事記**（1939-1941）
Historical Documents of the Second Theater in the Yan Hsi-shan's Residence
The Daily Records of the Second Theater in the Second Sino-Japanese War, 1939-1941

1月10日

二戰區

敵三十六師團一部向榆社、遼縣、和順一帶進犯。

國內

鄂南我軍克復九龍附近之華龍山、寶蓋山等據點。

國際

德、蘇成立經濟協定、勘界協定、波羅的海各國德國人遷移出境協定。

1月11日

國內

鄂南我軍克復萬家山。

國際

英、美就租借特里尼達問題成立協定。

1月12日

二戰區

稷、河、榮、萬敵分路向柳林莊、文村橋南一帶進擊，三路李村、曹張、水頭敵亦向冰池會犯。

國內

新四軍大部解散，葉挺被擒，項英逃網。

國際

北非英軍向前進展。

1 月 13 日

二戰區

　　我十七軍進襲橫嶺關東南古堆山之敵。

國內

　　由隨縣進犯高廟敵，被我在均川店附近擊退。

國際

　　英、土參謀會議開會。

1 月 14 日

二戰區

　　會犯稷王山敵在橋南上下村、南北牛池等卅餘村放火焚燒後，由劉和莊裡東竄。

國際

　　美宣佈以格陵蘭為保護地。

1 月 15 日

二戰區

　　由古城金殿鎮向我進犯敵，在許留附近被三八師擊退。

國內

　　贛北我攻入星子縣城，與敵發生巷戰。

國際

　　赫爾宣布美外交政策以維持正義、實現和平為目標。

204 | 閻錫山故居所藏第二戰區史料 **第二戰區抗戰大事記**（1939-1941）
Historical Documents of the Second Theater in the Yan Hsi-shan's Residence
The Daily Records of the Second Theater in the Second Sino-Japanese War, 1939-1941

1 月 16 日

二戰區

　　六四師一部向曲沃東南義門敵襲擊。

國內

　　襄西龍泉館敵五千餘，分向我天寶山、長嶺崗、龍王廟一帶進犯。

國際

　　美海軍在加勒比海舉行演習。

1 月 17 日

二戰區

　　靈石敵進犯牛郎莊，我暫四十師轉移陣線，敵將牛郎莊焚毀。

國內

　　軍委會下令取消新四軍番號，葉挺交軍法審判，項英嚴緝歸案。

國際

　　巴爾幹各國紛紛舉行重要談話。

1 月 18 日

　　【無記載】

1 月 19 日

二戰區

　　臨汾敵北犯吳村鎮被我六九師二零五團擊退。

國內

魯東我軍猛攻海陽。

國際

希、墨兩氏會談交換意見。

1 月 20 日

二戰區

張茅大道孔軍向橋兒村進襲，摧毀敵工事。

國內

中共中央革命軍事委員會下令，派陳毅代理新四軍軍長。

國際

美總統宣誓就職。

泰、越在老撾附近激戰。

1 月 21 日

二戰區

晉城東宮嶺、上下湖村敵，向我進犯。

國內

太湖沿岸我軍將長興外圍之敵擊退。

國際

羅鐵衛團發生叛變。

1 月 22 日

二戰區

沁水敵向大尖山以北竄擾，經我軍擊退。

206 | 閻錫山故居所藏第二戰區史料 **第二戰區抗戰大事記**（1939-1941）
Historical Documents of the Second Theater in the Yan Hsi-shan's Residence
The Daily Records of the Second Theater in the Second Sino-Japanese War, 1939-1941

國內

鄂西當陽敵分路向遠安進犯。

國際

英軍佔領多布魯克。

1月23日

二戰區

劉村敵向浪泉、四柱一帶進犯，將暫四八師一團包圍，經猛衝八次，始將敵擊退。

國際

威爾基離美赴英。

1月24日

二戰區

遼縣敵南犯橫水，武鄉敵北犯賈豁，沁縣敵東犯史北，與十八集團軍接觸。

國內

豫南敵以信陽為根據地，結集第三師團及第四師團第八聯隊、第六師團廿三聯隊二萬餘，分三路北犯，企圖掃蕩湯集團軍，突破六八軍陣地。

國際

泰、越接受日方調停建議。

1月25日

二戰區

沁水敵東犯上沃泉，我派隊堵擊。

國內

　　豫敵明港北犯。

　　鄂西由當陽出犯敵，被我軍在青龍灣、銀子港擊退，荊門北犯敵在快活舖、陳家集被我擊退。

國際

　　美總統親迎英大使哈里法克斯。

1 月 26 日

國內

　　豫南敵侵入確山，皖北敵侵入淮陽。

國際

　　日海相及川、外相松岡對美發表恫嚇演說。

1 月 27 日

二戰區

　　潞城敵北犯南北馬村與陳旅隔漳河砲戰。

國內

　　豫敵由駐馬店北犯西平、東犯遂平，泌陽失而復得。

國際

　　美設國防經濟局。

1 月 28 日

二戰區

　　張茅大道八政村敵向居士莊、西延村進犯，經我痛擊回竄。

208 | 閻錫山故居所藏第二戰區史料 **第二戰區抗戰大事記**（1939-1941）
Historical Documents of the Second Theater in the Yan Hsi-shan's Residence
The Daily Records of the Second Theater in the Second Sino-Japanese War, 1939-1941

國內

平漢路東敵犯上蔡，進擾周家口。

自皖亳縣南犯敵侵入渦陽。

國際

美總統祕書居里，啟程來華。

1月29日

國內

西平、遂平之敵竄擾舞陽及保安砦。

國際

希總理瑪塔薩斯逝世，由柯理齊斯繼任。

1月30日

二戰區

我八十軍進襲由夏縣祖師廟進犯坡墕、上塈口等地敵。

國內

十三軍在舞陽西北地區與敵激戰。

國際

非洲英軍佔領德爾諾。

1月31日

國內

蘇、浙邊境克復長興夾舖鎮。

豫敵右翼主力回竄汝南與八五軍激戰。

國際

越、泰在正間日艦簽訂停戰協定。

210 | 閻錫山故居所藏第二戰區史料 **第二戰區抗戰大事記**（1939-1941）
Historical Documents of the Second Theater in the Yan Hsi-shan's Residence
The Daily Records of the Second Theater in the Second Sino-Japanese War, 1939-1941

2月1日

二戰區

我軍在河津集賢鎮擊毀敵汽車三輛。

國內

當陽敵復分三路北犯。

豫敵一路由舞陽竄陷方城，一路由西平侵入項城，向商水進犯。

國際

敵議會通過下年度戰費四十八億日元。

2月2日

二戰區

汾南敵將我萬泉縣之新寺莊、袁家莊燒毀後，復向史家堰進犯。

國內

豫南我十三軍收復方城，八五軍收復項城。

國際

荷政府致牒日本反對東亞新秩序，絕不接受任何國之領導。

2月3日

國內

平漢路東八五軍克復上蔡，路西在保安砦激戰，敵向南陽進犯。亳敵陷太和。

國際

中英合作事業發展公司，開首次董事會。

2 月 4 日

二戰區

晉城劉坪出擾敵，在核桃園與我第九軍激戰。

國內

我軍克復舞陽、西平、保安驛、獨樹鎮、汝南、正陽等地，我五九軍退出南陽，向鎮平以東固守。

國際

東非英軍突入利比亞境。

2 月 5 日

二戰區

陽城敵沿沁河南犯，經九八軍及獨四旅擊退。

國內

中山縣擊落敵機一架，敵海軍大將大角斃命。

我軍克復遂平，十三軍、五五軍追抵南陽附近，向敵夾擊。

國際

日軍艦多艘抵越。

2 月 6 日

二戰區

高平敵竄擾小柿莊，經我軍擊退。

國內

我五九軍收復南陽，敵向唐河、桐柏退去，被我二九軍沿途截擊。

鄂西由當陽北犯敵，亦被擊退。

212 　閻錫山故居所藏第二戰區史料 **第二戰區抗戰大事記**（1939-1941）
Historical Documents of the Second Theater in the Yan Hsi-shan's Residence
The Daily Records of the Second Theater in the Second Sino-Japanese War, 1939-1941

國際

法協理達爾朗赴巴黎與賴伐爾開始談判。

2月7日

二戰區

出擾張家莊、范家莊等地敵，回竄稷山城。

國內

羅總統代表居禮飛抵陪都。

我九二軍、騎二軍收復太和、界首。

國際

美調威南特駐英，澳洲公使高斯調駐華大使，詹森調駐澳公使。

非洲英軍佔班加西。

2月8日

國內

平漢路克復駐馬店。

國際

美眾院通過軍火租借法案。

2月9日

二戰區

離石、柳林敵，佔領磧口。

國內

豫南續克碓山。

皖北克復渦陽。

國際

英海軍進攻熱那亞。

2 月 10 日
二戰區

沁水、陽城敵向寨上、南北板橋、上下沃泉進犯。

國內

鄂南我再度攻克嶺河口。

國際

英、羅斷絕邦交。

泰允日使用曼谷機場。

2 月 11 日
二戰區

沁水出擾敵經我武勉之軍在北次營打擊後，潰據漢上村。

國內

粵北敵犯蘆包，激戰甚烈。

國際

野村抵華盛頓。

2 月 12 日
二戰區

朔縣、寧武、原平、崞縣、代縣、雁門關等處敵分兵十三路，向雁門關以西山地掃蕩，與賀龍師徐支隊激戰。

214 | 閻錫山故居所藏第二戰區史料 **第二戰區抗戰大事記**（1939-1941）
Historical Documents of the Second Theater in the Yan Hsi-shan's Residence
The Daily Records of the Second Theater in the Second Sino-Japanese War, 1939-1941

國內

由三水、佛山北犯敵由龍岡退據橫岡。

國際

匈牙利上院通過加入三國同盟。

佛朗哥與義相在義會晤。

2月13日

二戰區

夏縣敵向東南下莊一帶進犯，經我擊退。

國內

綏西我軍進襲新民堡、三愛召。

國際

佛朗哥與貝當在法會晤。

敵艦麕集海防，飛機六百架停海南島。

2月14日

二戰區

汾城、新絳會合敵三路犯我華靈廟、黃土坡，經我激戰四小時後，敵循原路退回。

國內

鄂北漢宜公路，我伏擊增援敵。

國際

保加利亞要求希臘割讓通愛琴海走廊。

2 月 15 日
國際

南總理由德返國

2 月 16 日
二戰區

民族革命同志會三週年紀念會，閻會長親臨致詞。

國內

國民外交協會召開滑翔機運動坐談會。

國際

英宣佈新加坡佈雷。

2 月 17 日
二戰區

稷山敵進擾上胡村，經我阻擊退回。

中共參政員董必武七人致函參政會祕書廳，在政府未實行中共所提解決新四軍後之善後辦法十二條前，拒絕出席參政會。

國內

渝市舉行勞軍競賽獻金運動。

國際

敵與荷印重開經濟談判。

2 月 18 日
二戰區

陽城敵向馬山進犯，被我襲擊潰退。

216　閻錫山故居所藏第二戰區史料 **第二戰區抗戰大事記**（1939-1941）
Historical Documents of the Second Theater in the Yan Hsi-shan's Residence
The Daily Records of the Second Theater in the Second Sino-Japanese War, 1939-1941

國內

豫南克復明港。

蘇北敵機轟炸鹽城、東台、興化等地。

國際

英土商業協定簽字。

2月19日

國內

我砲兵猛轟宜昌敵機場，毀敵機三架。

國際

野村談，日本決不放棄三國同盟。

2月20日

二戰區

晉城欄車鎮、天井關、宮嶺溝敵會犯東西峯頭。

國內

全國糧食會議開幕。

國際

敵廣知時報所提調停歐戰條件，英表示拒絕。

2月21日

二戰區

晉城周村鎮敵進犯頭南村，並與犯王家嶺敵會擾沁
河兩岸，與我第九軍激戰。

國內

豫南我克跑馬嶺。

蘇北敵攻佔興化。

國際

　　艾登飛開羅檢討軍政。

2 月 22 日

　　【無記載】

2 月 23 日

二戰區

　　黑龍關、土門敵進犯喬家灣，因我六十九師在泊子裡伏擊，敵縱火焚燒而退。

國內

　　鄂南我軍攻入石壁寺。

2 月 24 日

二戰區

　　黑龍關敵進據楚花村。

國內

　　農業促進會西北輔導團赴甘、陝兩地工作。

國際

　　松岡謂：白人應將澳洲轉讓日本。

2 月 25 日

二戰區

　　金殿鎮、劉村敵會犯枕頭村，與我七十二師曹、盧兩團，在垣上村附近激戰，迄午敵佔領枕頭。

218 | 閻錫山故居所藏第二戰區史料 **第二戰區抗戰大事記**（1939-1941）
Historical Documents of the Second Theater in the Yan Hsi-shan's Residence
The Daily Records of the Second Theater in the Second Sino-Japanese War, 1939-1941

國內

新運會紀念會招待榮譽軍人，胡文虎代表南僑致敬。

國際

德大批空軍開赴義、羅。

蘇聯蘇維埃大會通過增強國防預算案。

2月26日

二戰區

佔枕頭敵向東北撤退。

新絳敵向白壁村進犯，被暫四十四師梁團在該村以北設伏射擊，敵退去。

國內

強渡撫河敵被我包圍痛擊。

國際

英佔義屬索馬利蘭首府。

2月27日

國內

居禮來華任務終了，離渝飛港。

國際

越南局勢又緊張。

2月28日

二戰區

長治敵二百餘西向石哲鎮竄擾，經我馬師擊退。

國內

宜昌東北龍泉舖敵與我激戰。

國際

保總理費洛夫赴德。

220　閻錫山故居所藏第二戰區史料 **第二戰區抗戰大事記**（1939-1941）
Historical Documents of the Second Theater in the Yan Hsi-shan's Residence
The Daily Records of the Second Theater in the Second Sino-Japanese War, 1939-1941

3月1日

二戰區

運城增敵機二十架，不時飛中條山偵察。

國內

第二屆國民參政會開會。

國際

保加利亞加入三國公約。

敵政府任畑俊六為中國派遣軍總司令。

3月2日

國內

中共七參政員向參政會復提出臨時解決辦法十二條為出席之條件。

國際

英外相艾登由土飛希，與希當局商聯防辦法。

德軍開入保境。

3月3日

國內

粵敵侵佔北海、海康、陽江等地。

國際

越南決以五大省割與泰國。

3月4日

二戰區

我六六師與河津北犯敵在十八盤北發生遭遇戰。

國內

　蔣委員長為勸募戰時公債發表告全國同胞書。

國際

　我郭大使與澳總理交換彼此有關問題。

3月5日

二戰區

　晉城敵由大小西會向東亂犯。

國內

　國參會通過禁止地方發行公債，並統一鈔券發行案。

國際

　英與保斷絕邦交。

3月6日

二戰區

　陰城及高平敵各千餘，分路向西火鎮、泉頭村、建寧鎮、禮義鎮進犯，另部向牛家川、西河底迂迴。文檀廟敵千餘經平曲村向樹掌進犯，到處與我軍展開激戰。

國內

　蔣委員長在國參會說明政府對中共參政員態度。

國際

　希軍在阿境實行總攻。

3月7日

二戰區

　侵入樹掌敵分三路向范軍猛犯。一路在紅嶺南與陳

222 閻錫山故居所藏第二戰區史料 **第二戰區抗戰大事記**（1939-1941）
Historical Documents of the Second Theater in the Yan Hsi-shan's Residence
The Daily Records of the Second Theater in the Second Sino-Japanese War, 1939-1941

師激戰，一在神南底與李師對抗，一在石掌嶺與黃師激
戰，我軍被迫放棄陵川縣城。

國內

宜昌西岸敵分三路向我蕭軍陣地進犯。

國際

羅斯福與赴英代表哈立遜會談。

3月8日

二戰區

陵川東犯敵與樹掌南犯敵會合，五路猛攻古郊，我
軍轉移陣地。

國內

粵境我軍收復北海、陽江。

國際

德向希提議結束義、希戰爭。

野村與赫爾舉行外交上初次和平會談。

3月9日

二戰區

晉南敵四十一師團、卅七師團由絳縣、聞喜、安
邑、平陸、曲沃、翼城、陽城分四路進犯中條山，一路
由橫嶺關進犯，企擾宋家章、左家灣，一由絳縣直犯廟
子上，一由雙村竄擾東西桑池，一由睢村向里冊迂迴，
並以飛機轟炸垣曲城、同善鎮及渡口。

國內

我空軍轟炸宜昌敵陣地。

贛北克復武寧。

國際

達爾朗與魏剛會晤，發表公報，決心堅守北非領土。

3 月 10 日

二戰區

張馬南犯敵攻入桑樹掌後，在塞上村展開激戰。澈夜與武士敏部激戰後，增至二千餘，向核桃園之線猛撲，並佔松樹掌。

國內

國參會開幕。

粵我軍收復海康及台山城。

國際

義、希軍在特培勒尼展開爭奪戰。

3 月 11 日

二戰區

敵機在南河、東西桑池十五軍陣地狂炸，掩護步兵前進。

敵一部千餘繞店子溝犯東桑池與姚師對戰，又一部由雲梯山、蓮池南向左家溝進犯，與我軍激戰。

敵機二十餘架轟炸垣曲各地，董封敵四千餘進犯西哄哄。

國內

宜昌對岸續克太橋邊太平橋，敵向黃泥坑退去。

224 | 閻錫山故居所藏第二戰區史料 **第二戰區抗戰大事記**（1939-1941）
Historical Documents of the Second Theater in the Yan Hsi-shan's Residence
The Daily Records of the Second Theater in the Second Sino-Japanese War, 1939-1941

國際

　　羅斯福簽署軍火租借法案。

3月12日

二戰區

　　我軍克復陵川城，並向柳樹口追擊。

　　廟上西桑池為敵佔領。

　　晉北敵十三路進犯雁門關以西山地。

國內

　　精神總動員二週年紀念日，委員長廣播以國防科學

化、社會紀律化、生活現代化，為精神建設目標。

　　我克黃泥坑、關家塘、巴子口。

國際

　　羅斯福向國會請求撥款七十萬萬援助民主國家。

3月13日

二戰區

　　東西桑池經夜戰後敵勢大挫。

　　陵川敵退回原陣地。

　　第九軍襲擊欄車鎮、晉廟舖各據點。

國內

　　皖東克復無為。

　　鄂南克復通城。

　　宜昌西岸恢復六日前態勢。

3 月 14 日
二戰區
十五軍當面大皇山敵向我陣地進犯，敵機三架轟炸西哄哄。高軍繞至西桑池南側，向敵側擊。敵機在十七軍陣地轟炸八小時，敵後續部隊加入作戰，左家灣戰爭激烈。
國內
敵機襲川，被我擊落六架。

長沙舉行全國木刻展覽會。
國際
松岡離大阪赴歐洲。

3 月 15 日
二戰區
敵向我六十五師西桑池東北陣地進擊，迄晚仍在陸家坪相持，十五軍損失奇重。

敵五百餘向賈家山我孫師陣地進犯，被擊退。

左家灣被敵佔領。
國內
江西敵分三路西犯。北路由二十三師團趨奉新，中路由三十四師團沿湘贛路進犯，南路由廿旅團經錦河南南犯。我以七十軍配製第一、二線，七四軍任決戰主力在第三線。
國際
羅斯福發表以軍火援助反軸心國家。

閻錫山故居所藏第二戰區史料 **第二戰區抗戰大事記**（1939-1941）
Historical Documents of the Second Theater in the Yan Hsi-shan's Residence
The Daily Records of the Second Theater in the Second Sino-Japanese War, 1939-1941

3月16日

二戰區

孫瑞瓏師協助十五軍反攻克復左家灣，續佔瓦舍，武軍一部佔領二一四八高地，向張馬、松樹掌間攻擊，敵機將劉集團總部、武軍軍部炸毀。

國內

中國新聞學會在渝舉行成立大會。

我克廣海，粵南沿海無敵踪。

國際

英軍在希登陸。

3月17日

二戰區

絳縣敵分在東西桑池、雲梯山、大小南坪趕築工事。

畢縱隊向松樹掌敵攻擊，十五軍在二一四八高地與敵對戰。

國內

中山學社電毛澤東等，勸其改變政治路線，精誠合作。

贛北敵侵入高安。續向上高進犯。

3月18日

二戰區

我軍攻克猛虎口、現缸嶺，敵向廟上潰退。我向東西桑池分頭猛攻。再度犯賈家山敵亦被擊退。

國內

政院通過田賦改徵食糧辦法。

皖中陷無為敵復侵入襄安。

3 月 19 日

二戰區

進犯中條山敵大部退回絳縣、陽城、沁水、運城等地。

晉博公路敵向東鳳頭進犯，被裴軍張師擊退。

國內

贛北我七四軍在第三線洄溪、棠浦與敵展開主力爭奪戰。

國際

美眾院通過羅總統撥款案。

英、土外長在賽普勒斯會晤。

3 月 20 日

二戰區

孔軍王治歧師分襲南橋、續家坡、聖人洞等地，毀敵砲台三座，斃敵九十餘。

國內

蘇、浙邊境敵自長興、宜興、上興三路出犯。

江西我軍轉入決戰，正面堅強抵抗，兩翼亦採突擊戰，向敵進行包圍。

國際

美前駐法大使蒲立德廣播，援華為對文明之貢獻。

228 | 閻錫山故居所藏第二戰區史料 **第二戰區抗戰大事記**（1939-1941）
Historical Documents of the Second Theater in the Yan Hsi-shan's Residence
The Daily Records of the Second Theater in the Second Sino-Japanese War, 1939-1941

3月21日

二戰區

畢縱隊向張馬以南二四二五高地一帶進襲，斃敵卅餘。

國內

宜興敵陷我張渚鎮。

長興敵竄管城，我五二師之一營壯烈犧牲。敵續進陷泗安，工兵營亦壯烈犧牲。

國際

北非英、義軍在基林發生大戰。

英軍轟炸大西洋德潛艇根據地羅利翁。

3月22日

二戰區

東西桑池敵向我猛犯，被我擊退。

國內

上興敵陷我溧陽城，與六三師在城郊激戰。

國際

克萊琪晤日外次，討論英、日間問題。

3月23日

二戰區

本戰區政治進步會議在實幹堂開會。

邢師向絳縣迴馬嶺襲擊，斃敵十餘。

國內

蘇、浙邊境克復泗安。

國際

松岡抵莫斯科。

英軍開南國邊境之登達爾。

3 月 24 日

二戰區

暫五十師一團在路村被敵分三路包圍，我與激戰五小時，突圍至黃花峪，敵向佛峪退去。

高平敵東犯四明山，經廿七軍一部擊退。

國內

第五屆第八次執委會開幕。

我七十二軍及一〇五師加入上高地區包圍頑敵。

溧陽南犯敵竄官里與張渚鎮，西犯敵會犯三弓橋。我獨三三旅及六二師、六三師之各一部嚴陣阻擊。

國際

南斯拉夫改組內閣。

蘇、土發表友好宣言。

3 月 25 日

二戰區

稷、新等處敵向聞喜劉峪、關村進犯，與我卅四軍工兵營及四十四師激戰，斃敵三百餘，我亦傷亡奇重，王軍長乾元負傷。

國內

蘇、浙邊境我軍總攻，克復槐花硇林城橋、溧陽張渚鎮，殘敵退原陣地。

230 | 閻錫山故居所藏第二戰區史料 **第二戰區抗戰大事記**（1939-1941）
Historical Documents of the Second Theater in the Yan Hsi-shan's Residence
The Daily Records of the Second Theater in the Second Sino-Japanese War, 1939-1941

江南我克復高安。

國際

南國加入三國協定。

3月26日

二戰區

張馬敵千餘向架山刺村猛犯，經王克敬師派隊擊退。

國際

松岡抵柏林。

3月27日

二戰區

河漢、稷山敵進犯佛峪口，被我軍嚴擊後，在張義、張吳等村放火而退。

晉城高都敵東犯峰頭村，被黃師擊退。

國際

南斯拉夫發生政變，國王彼得親政，由希摩維區組閣。

希特拉接見松岡。

3月28日

二戰區

我軍夜襲松樹掌破壞敵工事。

國內

我軍將上高地區敵大半解決，殘敵東潰，我軍乘雨衝入官橋敵司令部。

國際

南國宣佈全國已入戰爭狀態。

3 月 29 日

二戰區

二十四日起進犯四明山峯頭村一帶之敵被我二十七軍擊退。

國內

江西我軍續克奉新。

國際

德發言人談密切注視南國局勢之發展。

3 月 30 日

二戰區

長高、晉城敵分路向我反攻，展開激戰。

國際

南、德關係惡化，德駐南使館準備撤退。

松岡離德赴義。

3 月 31 日

國內

包頭灘展開劇戰。

國際

南國德僑奉令撤退。

艾登、狄爾飛雅典。

232 | 閻錫山故居所藏第二戰區史料 **第二戰區抗戰大事記**（1939-1941）
Historical Documents of the Second Theater in the Yan Hsi-shan's Residence
The Daily Records of the Second Theater in the Second Sino-Japanese War, 1939-1941

4月1日

二戰區

定襄、五台敵出動掃蕩滹沱河南北地區。

國內

贛北我克祥符觀。

國際

南國拒絕德國要求。

4月2日

二戰區

暫四十三師三團在萬泉羅村與敵遭遇，激戰一時我即轉移陣地。

國內

八中全會閉幕，通過戰時三年建設計劃，調王寵惠為國防委員會祕書長、郭泰祺為外交部長，行政院增設貿易、糧食兩部。

贛北克復西山萬壽宮。綏西克復新召。

國際

匈總理特里基自殺。

艾登飛南斯拉夫首都伯爾格剌德。

4月3日

二戰區

趙城我暫四十八師東渡汾河襲擊搶糧敵軍。

臨晉敵由北張村向我四三師二團陣地進犯，迄午敵復向義棠鎮攻擊，激戰至晚，敵始退去。

國內

全國合作會議開幕。

都江堰舉行開水典禮。

國際

伊拉克發生政變,格拉尼任國防政府領袖。

4月4日

二戰區

五台、大盂、盂縣等處敵,向滹沱河南北地區進犯。

國內

中國滑翔機總會成立。

國際

匈牙利巴多西新閣成立。

敵外相由義返德。

4月5日

二戰區

七二師二一六團二營與劉村敵在始射峪口激戰二小時,敵退去,我亦撤至後掌里。

國際

蘇、南簽訂友好互不侵犯條約。

東非英軍佔領亞境阿杜華。

4月6日

二戰區

棗泥、圪塔、賈家山北敵向暫四十七師陣地砲擊。

234 | 閻錫山故居所藏第二戰區史料 **第二戰區抗戰大事記**（1939-1941）
Historical Documents of the Second Theater in the Yan Hsi-shan's Residence
The Daily Records of the Second Theater in the Second Sino-Japanese War, 1939-1941

國內

何部長向英、美廣播。

國際

德宣布進攻南、希二國。

東非英軍佔領亞京亞的斯亞貝巴。

4月7日

二戰區

張馬以南、松樹掌以北迤西大晉堂迴馬嶺、亘廟上、東西桑池一帶之敵，均已完成據點工事，並增築碉堡，修整交通，企圖兩月內進犯垣曲。

國內

組織部婦女會議開幕。

國際

英、匈斷絕邦交。

松岡由德到蘇。

4月8日

二戰區

敵中國派遣軍參謀長坂垣，在臨汾召開軍事會議，指示進攻中條山機宜。

國內

行政院通過貨物統稅改行從價徵收。

國際

德軍由色雷斯向愛琴海推進。

4 月 9 日
國內

我空軍飛長江南岸石灰窰轟炸。

國際

美、丹簽字置格陵蘭於美國保護之下。

德軍佔領希境之薩羅尼加要塞。

4 月 10 日
二戰區

暫四十八師向京安鎮敵進攻，迫進敵駐院所，敵據高頑抗，激戰一時許，我安然撤退。

國內

鄂西京鍾路敵卅九師團自鍾祥北犯。

國際

德軍佔領南國西部交通中心薩格里布。

4 月 11 日
二戰區

罩籬、圪塔敵分二路向我四十七師及七十師陣地進犯，經我沉著應戰，敵不支退去。

國際

蘇、德簽定新商務合同。

南國克拉特族宣佈獨立。

236 | 閻錫山故居所藏第二戰區史料 **第二戰區抗戰大事記**（1939-1941）
Historical Documents of the Second Theater in the Yan Hsi-shan's Residence
The Daily Records of the Second Theater in the Second Sino-Japanese War, 1939-1941

4月12日

二戰區

　　政治進步會議閉幕，議決健全行政機構、改善役政辦法諸案。

國內

　　襄東我與敵在青峯山激戰。

國際

　　德、義軍佔領巴第亞。

　　史丹林與松岡談蘇、日問題。

4月13日

二戰區

　　汾城敵與我暫卅七師在崖底激戰，我克閻家山後敵退去。

國內

　　京鍾路敵我在馬家廟激戰。

國際

　　蘇、日簽訂中立條約，互尊滿、蒙偽政權。

　　德軍佔領南都伯爾格來德。

4月14日

二戰區

　　敵華北派遣軍總司令多田駿飛運城視察。

國內

　　王外長對蘇日協定發表聲明，不承認妨害我領土主權之任何協定，對中國絕對無效。

國際

赫爾聲明美國政策不變。

南國境內入混戰狀態。

希境馬其頓展開激戰。

4 月 15 日

二戰區

　　暫四三師三團在下莊與由楊趙河南犯敵，發生遭遇戰。

國內

　　軍委會戰地黨政委員會召開全國會議。

國際

　　羅斯福與胡適、宋子文會談。

4 月 16 日

二戰區

　　稷王山進犯敵與我暫四三師在劉峪、下王戶、石佛溝等各處遭遇激戰，迄晚我收復冰池、鄭家莊。

　　犄氏敵偽佔領稷王山一零七六高地後，向四望村一帶進犯，我十、十一兩支隊轉移楊李村。

國內

　　浙東敵三路進犯，左翼在紹興北三江鎮登陸，中路自蕭山分股出犯，一股犯大絲山，一股犯義橋鎮，右翼自富陽出動在中洰洲登陸，竄入大源鎮。

國際

　　英、美、澳外交人員在華盛頓開會。

238 | 閻錫山故居所藏第二戰區史料 **第二戰區抗戰大事記**（1939-1941）
Historical Documents of the Second Theater in the Yan Hsi-shan's Residence
The Daily Records of the Second Theater in the Second Sino-Japanese War, 1939-1941

4月17日

二戰區

汾城敵壓迫民夫千餘在三官峪高地，構做工事，被我卅七師猛襲驅散。

國內

浙東三江鎮登陸敵侵入紹興城。

國際

希臘北部英、希軍撤退。

4月18日

二戰區

侵入夏縣東南上下莊、西村敵趕築工事。

國內

義橋鎮敵沿鐵路南犯，與我激戰於姚家埠，大源鎮敵犯粟店鎮。

國際

希總裡柯利茲逝世。

南軍解除武裝，由前內長馬爾哥維區與德、義簽訂休戰協定。

4月19日

二戰區

雲梯山之敵分三路向我四七師陣地進犯，激戰兩小時敵退去。

同蒲路車停止客運，敵在白晉路亦運輸頻繁。

國內

敵第五師團在浙東鎮海、海門、臨海登陸,侵入寧波、瑞安、黃岩,二十八師團在閩江口大小澳、南漳登陸,侵入連江、長樂。

國際

英軍突在伊拉克登陸保護油田。

4月20日

二戰區

河津、稷山、新絳等縣敵突增萬餘。

國內

錢塘江南岸敵二十二師團侵入諸暨城。

浙東敵侵入台州、溫州、平陽。

國際

羅馬尼亞發生內亂。

4月21日

二戰區

三三軍一部由武家溝（柳林東）向楊家嶺之敵攻擊。

國內

敵軍侵入福州。

瑞安、永嘉之敵竄入梅岙。

4月22日

國內

寧波方面敵,侵入慈谿。

240 | 閻錫山故居所藏第二戰區史料 **第二戰區抗戰大事記**（1939-1941）
Historical Documents of the Second Theater in the Yan Hsi-shan's Residence
The Daily Records of the Second Theater in the Second Sino-Japanese War, 1939-1941

國際

英、希軍退守第三道防線。

4月23日

二戰區

敵軍開始自同蒲路向三角地帶結集大軍。

國內

暫十三師在諸暨南安華鎮斃敵千餘名。

敵軍侵入餘姚。

國際

馬其頓希軍總司令與德、義簽訂停戰協定。

4月24日

二戰區

運城敵牛島師團萬餘增至聞喜、橫水。

國內

八百孤軍團長謝晉元在滬被刺。

國際

美召開戰時內閣會議。

4月25日

二戰區

我軍在華靈廟擊退進犯敵軍。

國內

我軍收復台州、黃岩。

國際

中英、中美平準基金在美簽字。

4 月 26 日

國內

浙東敵陷我奉化、溪口。

國際

德擴大地中海佈雷區。

4 月 27 日

二戰區

虞鄉及清華鎮敵，南犯王官峪、風伯峪，經李師擊退。

國際

德軍開入雅典。

4 月 28 日

【無記載】

4 月 29 日

二戰區

敵四千餘增防聞喜。

國內

傑姆士羅斯福抵渝。

國際

中國國防用品公司在美成立。

242 | 閻錫山故居所藏第二戰區史料 **第二戰區抗戰大事記**（1939-1941）
Historical Documents of the Second Theater in the Yan Hsi-shan's Residence
The Daily Records of the Second Theater in the Second Sino-Japanese War, 1939-1941

郭外長分訪羅斯福、赫爾。

4月30日
二戰區
河津敵向佛峪口進攻，被我一九六團擊退。
國際
日本廣知時報揭載建立世界新秩序之和平條件。

5 月 1 日

二戰區

敵機十二架，在茅津渡、太陽渡、平陸一帶，往返偵察。

國內

浙東自衛隊收復黃岩。

5 月 2 日

國內

黃炎培等建議加強對蘇外交。

暫卅三師收復溫州。

國際

英與伊拉克戰爭爆發，伊軍水淹摩索爾油田。

5 月 3 日

二戰區

橫水增敵三千餘，張茅大道計都村一帶增敵三千餘。

國內

我軍收復海門、瑞安、平陽。

5 月 4 日

二戰區

騎四師第三團第一營赴汾陽徵糧，在北馬莊與敵激戰。

國際

松岡談放棄赴美企圖，希美總統赴日一行。

244 | 閻錫山故居所藏第二戰區史料 **第二戰區抗戰大事記**（1939-1941）
Historical Documents of the Second Theater in the Yan Hsi-shan's Residence
The Daily Records of the Second Theater in the Second Sino-Japanese War, 1939-1941

5月5日

二戰區

沁陽敵西犯濟源。

國內

鄂北敵第三師團自應山、隨縣向北進犯，與我孫集團展開激戰。

國際

中、蘇哈阿線復航。

5月6日

國內

行政院決議顧維鈞使英、魏道明使法。

我軍圍攻諸暨，鄂北應山敵向萬和店、棗林店、隨陽店進犯。

國際

美下令禁止機器輸蘇。

史達林出任人民委員會主席。

5月7日

二戰區

聞喜、夏縣敵向張店以東猛攻，南山底村敵向通峪村進犯，與第七師激戰。辛梨園敵與二七師激戰，我陣線被突破，八政村敵向古王一六五師陣地進犯。東西桑池敵向賈家山我四十三軍陣地進犯。我第三軍與八十軍連絡被敵截斷。

新、稷、河、榮、萬、臨等縣敵，向稷王山進犯，

我三四軍安全轉出外線，敵以一部對我作戰，一部徵收田賦。

國內

鄂北敵竄天河口，經我阻擊南竄劉家河，向江家店攻我一二三師陣地。

國際

邱吉爾宣佈決死守地中海據點。

5月8日

二戰區

橫皋大道敵軍突破四十三軍陣地，侵入同善鎮，九四師在左家灣與敵激戰，夏縣以南四交村敵侵入第三軍陣地，陽城敵向九八軍防地進攻。敵降傘部隊數百侵入垣曲城。敵突破第三軍陣地，侵入馬村，村內預伏漢奸，將我交通線破壞，曾集團總部被圍，我指揮系統混亂，沁水南賈村敵與我九八軍激戰。

國內

荊門敵三三聯隊向永盛集、鹽池廟、張家集大舉進犯，與我一八十師激戰。

當陽敵竄抵毛坪場，向我一七九師進犯。

5月9日

二戰區

八十軍在台柴村以西與敵激戰，我二四師師長王俊以下殉難。陽城敵與我第十師在董封東南激戰。

246 | 閻錫山故居所藏第二戰區史料 **第二戰區抗戰大事記**（1939-1941）
Historical Documents of the Second Theater in the Yan Hsi-shan's Residence
The Daily Records of the Second Theater in the Second Sino-Japanese War, 1939-1941

國內

敵機八十架襲渝。

我一二七師及一二四師各一部攻克棗林店、隨陽店。

國際

泰越和約在日本威脅下正式簽字。

5月10日

二戰區

垣曲敵佔領五福澗，與八十五師激戰，第九軍主力在風門口與敵激戰，南嶺被敵侵入，小趙村敵向趙家嶺進犯，與八十三師激戰。八十軍轉移陣地。敵機百餘架轟炸各渡口及隴海路。我各路大軍分向外線轉進。

國內

鄂北我克復唐縣鎮，一二三師在淨明舖、何家店與敵激戰。

國際

德國社黨副領袖赫斯在蘇格蘭降機留英。

中、澳決定交換使節。

5月11日

二戰區

垣曲東犯敵侵入邵源鎮，風門口西犯敵侵入王屋鎮，盂縣西犯敵，在太峪鎮與第九軍激戰，垣曲敵向南岸砲擊。鐵謝北岸敵，乘船強渡被我擊退。敵軍侵入白浪渡。

國內

敵機轟炸沿隴海路各地。

粵敵十八師團分由增城、石龍、淡水，侵入博羅，並會犯惠陽。

5 月 12 日

二戰區

向垣曲東西會犯敵會合，控制白坡以西各渡口。企圖渡犯，被我南岸守兵砲火擊退。

國內

四五軍、四一軍冒雨圍攻襄東、襄西進犯之敵。

我軍退出惠陽。

國際

希特勒、達爾朗會談德、法合作問題。

5 月 13 日

二戰區

鐵謝、狂口間敵，沿河趕築工事，垣曲東北、西北我軍與敵不時激戰。五福澗、台柴、郭原村等地敵與我隔河砲戰。風陵渡敵向潼關砲擊。

國內

皖敵一一六師團，由彭澤南之馬路口分股南犯石門街、袁家堰。

國際

德宣佈紅海為作戰區域。

248　閻錫山故居所藏第二戰區史料 **第二戰區抗戰大事記**（1939-1941）
Historical Documents of the Second Theater in the Yan Hsi-shan's Residence
The Daily Records of the Second Theater in the Second Sino-Japanese War, 1939-1941

5月14日

二戰區

五福澗敵在猴家山以西地區與河北民軍激戰。

九八軍由董封北進至沁水以北，向太岳地區敵後反攻。

國內

諸暨以南暫三五師、七九師、暫十三師與敵展開血戰。

國際

英機轟炸敘利亞。

5月15日

二戰區

敵卅三師團在陽城、析城山、震潭嶺，與我武廷麟軍激戰。

國內

鄂北敵分路竄犯襄陽。

國際

艾登宣佈盡力援助中國獨立。

5月16日

二戰區

敵趕修垣曲至濟源公路，絳垣公路通車，並在各渡口趕築工事。

國內

敵攻入襄陽，我猛烈反攻，午夜克復襄陽，敵向沙

河退去。

國際

東非義軍統帥奧斯他公爵停戰投英。

5 月 17 日

二戰區

新絳敵分犯馬璧峪、清水峪,與我暫四四師激戰。

中條山我軍已轉至外線作戰。

國內

諸暨南我一四八師、暫卅二師、六七師克復華溪市、蘇溪市,敵向安華敗退。

襄花路我二九軍向北、四一軍向南,合擊南潰之敵。

5 月 18 日

二戰區

十八集團軍一部分途進襲同蒲路、忻縣以北各據點,一度襲入部落村。

國內

惠博線我軍反攻。

國際

義王姪斯波羅多即哥羅提亞國王位。

5 月 19 日

二戰區

十八集團軍續襲忻縣以西之合索村。

250 | 閻錫山故居所藏第二戰區史料 **第二戰區抗戰大事記**（1939-1941）
Historical Documents of the Second Theater in the Yan Hsi-shan's Residence
The Daily Records of the Second Theater in the Second Sino-Japanese War, 1939-1941

國內

襄花路我二十九軍在資山、環潭、清潭與敵激戰。

國際

美大使與松岡晤談。

5月20日

二戰區

騎一師在介休城東北破壞鐵道一段。

國內

徐堪任糧食部部長。

浙中我一零五師收復諸暨城。

國際

德軍跳傘隊在克里特島降落。

5月21日

二戰區

垣曲以西五福澗敵向北山內移動，搜索我軍政人員。

國內

我軍收復惠陽。

襄花路四十一軍佔領環潭，敵向隨縣撤退。

國際

貝當對戴高樂宣戰。

美輪羅賓穆爾在巴西海外沉沒。

5 月 22 日
二戰區
我出擊部隊劉師在萬泉東北牛池附近，周師在稷山東北三界莊附近，擊退敵人。
國內
浙東收復餘姚。

粵東續克博羅。

5 月 23 日
二戰區
翟店敵向望莊里進犯，被卅四軍一部擊退。
國內
福州近郊激戰敵在白沙、甘蔗強行登陸。
國際
英空軍撤離克里特島。

5 月 24 日
二戰區
敵由安浮、沁陽、高長、屯長等地，分路向洪屯公路沁河沿岸進犯，與武士敏軍激戰。
國內
鄂東敵南犯辛家沖。
國際
德海長表示，美如護航，德即訴之武力。

252　閻錫山故居所藏第二戰區史料 **第二戰區抗戰大事記**（1939-1941）
Historical Documents of the Second Theater in the Yan Hsi-shan's Residence
The Daily Records of the Second Theater in the Second Sino-Japanese War, 1939-1941

5月25日

二戰區

九八軍在長子西北王村斃敵千餘。

國內

浙境我克復上虞。

國際

英艦胡特號在格陵蘭附近被德艇擊沉。

敵在海防強佔價值一千萬美元之美國輸華貨物。

5月26日

二戰區

暫四十二師一部在賀家嶺被敵包圍激戰。

國內

美大使高華呈遞國書。

國際

克里特島英軍撤蘇達以東。

郭外長與赫爾換文，美願取消在華特權。

5月27日

二戰區

范、武兩軍在長高公路西側及高平關以北，暨屯留、府城、鄭莊間沁河沿岸，與敵對戰，敵機竟日轟炸。

國內

南昌敵西犯萬壽宮，被我擊退。

國際

德艦俾斯麥號被英艦圍攻擊沉。

5 月 28 日

二戰區

第六五師在同善鎮以東山地與敵展開血戰。

國內

我軍衝入羊樓司。

國際

美總統發表爐邊閒話，維護海洋自由。

5 月 29 日

二戰區

翟店敵分兩路向劉家莊進犯，經三十四軍與之對戰。敵在陽王鎮、下王尹、皇甫村等處，修築砲台汽路，並將下費、周流各渡口封鎖。

5 月 30 日

二戰區

敵與我武軍在屯留境張店激戰。

國內

閩省我克復大湖。

國際

松岡表示三國同盟條約為日本外交基礎。

5 月 31 日

二戰區

廿七軍在高平西北杜寨、小柿莊等地自廿八日起與敵激戰三晝夜。

254 | 閻錫山故居所藏第二戰區史料 **第二戰區抗戰大事記**（1939-1941）
Historical Documents of the Second Theater in the Yan Hsi-shan's Residence
The Daily Records of the Second Theater in the Second Sino-Japanese War, 1939-1941

國內

綏西我軍向烏拉山進攻。

國際

英、伊成立停戰協定，義拉回國重組親英政府。

6月1日

二戰區

黑龍關敵竄化樂鎮，二零七團六連在孫家溝側擊，敵退去。

國內

敵機襲渝，英使館被炸。

國際

德軍佔領克里特島。

6月2日

二戰區

敵犯長子祖師廟。

濟垣、王屋、官陽間之公路，敵趕修完竣。

國內

烏拉山我克臥羊台。

國際

希、墨在奧倫納山隘會晤。

6月3日

二戰區

第十師西渡汾河，遭敵襲擊，參謀長劉惟俊殉國。

國際

羅斯福接見威南特，聽取重要報告。

256 | 閻錫山故居所藏第二戰區史料 **第二戰區抗戰大事記**（1939-1941）
Historical Documents of the Second Theater in the Yan Hsi-shan's Residence
The Daily Records of the Second Theater in the Second Sino-Japanese War, 1939-1941

6月4日

二戰區

翟店敵猛撲稷王廟，暫四三師轉移至孤峰山以南。

國內

粵敵侵入崖門。

國際

德廢皇威廉二世逝世。

6月5日

二戰區

我四四師集結北侯，猛衝四次，突圍未遂，改由溝北村衝出。

國內

渝市防空隧道窒息死傷多人。

國際

美宣佈為英訓練飛行員。

中英借款協定簽字。

6月6日

二戰區

我四四師撤汾北范家莊。

國內

工程師年會在渝開會。

國際

荷印向敵提出覆文，堅持不受任何國家的領導。

6 月 7 日
【無記載】

6 月 8 日
二戰區

暫四五師夜襲丈八村敵。

國際

英軍開始進攻中東之敘利亞。

6 月 9 日
二戰區

長高路漢水以北敵與武軍王師展開激戰。

國際

德、義元首發表演說堅持作戰。

6 月 10 日
二戰區

風陵渡北小里鎮敵東犯,與一零四師一部在永樂鎮附近激戰。

國內

信陽敵蠢動,出犯平昌關。

國際

英軍進抵大馬士革附近。

德空軍轟炸海法。

258　　閻錫山故居所藏第二戰區史料 **第二戰區抗戰大事記**（1939-1941）
Historical Documents of the Second Theater in the Yan Hsi-shan's Residence
The Daily Records of the Second Theater in the Second Sino-Japanese War, 1939-1941

6月11日

二戰區

芮城敵佔領上郭村。

國際

敵政府對荷決停止談判。

東非英軍佔領阿塞布港。

6月12日

二戰區

由風陵渡東犯永樂鎮敵，在大音村、古仁村與我激戰。

國際

蘇、倭成立商務協定。

6月13日

二戰區

汾南村廟西敵，向槐樹院進犯，暫四三師與激戰五小時後，轉移至南北陽城。

國內

由信陽進犯平昌關敵被我擊退。

國際

美宣布羅賓穆爾號輪在巴西海被德潛艇擊毀。

6月14日

二戰區

南岸我砲兵向八政村砲擊，毀敵汽車七輪。

國內

汪逆離滬赴日。

國際

美封存德、義在美資金。

6月15日

二戰區

臨、翼、浮等地敵分三路向塔兒山進犯。

國際

英軍佔領悉登。

6月16日

二戰區

永濟趙村敵沿河東犯，與芮城興耀村西犯敵會合於永樂鎮，分駐沿河各據點，趕修公路構做工事。

國內

第三次全國財政會議在渝開會，委員長致詞「建立國家經濟基礎，推行糧食與土地政策。」

國際

羅斯福接見英大使後由威爾斯致德照會，請求撤退在美各機關二十四處。

6月17日

二戰區

敵機六架向牛王廟、圪塔頭一帶偵查。

260　閻錫山故居所藏第二戰區史料 **第二戰區抗戰大事記**（1939-1941）
Historical Documents of the Second Theater in the Yan Hsi-shan's Residence
The Daily Records of the Second Theater in the Second Sino-Japanese War, 1939-1941

國際

　　德、蘇舉行祕密談判，關係急轉惡化。

6月18日

二戰區

　　一零四師夜襲漢渡、興耀之敵。

國內

　　滇緬路南段劃界協定在渝簽字：猛卡、拱弄、拱勇、蠻回、水廣、猛梭、西盟劃歸我國，爐房劃歸英緬，礦產則由中、英投資開採。

國際

　　德、土簽訂友好互不侵犯條約。

6月19日

二戰區

　　絳、汾敵進佔蘇村鎮。

　　昔陽敵六路向石珙進犯，與八路軍范旅激戰。

國際

　　德、義照會美國，請撤退美在德、義及佔領區使領館。

6月20日

二戰區

　　汾城縣京安敵向南賈村進犯，經我暫三八師擊退。

國內

　　十八日由南昌出犯梅溪、武溪敵被我擊退。

國際

美總統向國會提出咨文，斥德國為海盜行為。

羅國取消黑海航運，準備應付非常事變。

6 月 21 日

二戰區

竄大小峯頭敵趕築工事，四六師派隊襲擊。

國內

閩境我軍收復福清龍田。

國際

英軍開入大馬士革。

6 月 22 日

二戰區

趙城敵出佔李村、稽村構築碉堡。

國際

希特勒宣佈對蘇宣戰，德、羅、芬聯軍北起芬蘭灣、南迄黑海，分七路向蘇軍進攻。

義大利通知蘇聯入於戰爭狀態。

邱吉爾宣佈援蘇。

6 月 23 日

國內

我砲兵轟擊宜昌敵機場，毀敵機十三架。

國際

德軍佔領布勒斯特。

262 | 閻錫山故居所藏第二戰區史料 **第二戰區抗戰大事記**（1939-1941）
Historical Documents of the Second Theater in the Yan Hsi-shan's Residence
The Daily Records of the Second Theater in the Second Sino-Japanese War, 1939-1941

6月24日
二戰區
關村及五龍廟敵，向北池嶺暫四四師陣地進犯，戰至酉時退去。
國內
全國財政會議閉幕，通過廢止附加稅制，建立國家財政系統、自治財政系統，廢除省級預算，田賦收歸中央，推行糧食土地政策等案。
國際
德宣布突破彭克斯防線，佔領考那斯。

羅斯福向蘇保證，予以可能之援助。

6月25日
二戰區
汾南敵軍四百餘進襲稷王山，與我暫四五師激戰於里望、楊和溝一帶。

敵偽侵入芮城城，組織偽縣署。
國內
宜昌西岸進犯敵，被我擊退。
國際
芬蘭對蘇宣戰。

6月26日
二戰區
暫四十八師襲攻趙城西李村之敵。

國際

　　北路德軍佔領維爾那。

6 月 27 日

二戰區

　　騎一師快速隊，襲擊汾陽南陽城鎮敵。

國際

　　蘇空軍轟炸匈牙利，匈對蘇宣戰。

　　英軍事代表團抵蘇京。

6 月 28 日

二戰區

　　敵在稷王山頂修成公路，風陵渡北趙村至芮城公路
敵亦修成。

國內

　　羅總統推薦拉鐵摩爾為中國政治顧問。

國際

　　蘇軍退守史達林防線。

6 月 29 日

國際

　　中路德軍佔領明斯克。

6 月 30 日

二戰區

　　萬、榮、臨、猗會合敵，分股向賢胡北馬趙村進

264 | 閻錫山故居所藏第二戰區史料 **第二戰區抗戰大事記**（1939-1941）
Historical Documents of the Second Theater in the Yan Hsi-shan's Residence
The Daily Records of the Second Theater in the Second Sino-Japanese War, 1939-1941

犯，我軍由大巆山轉至孤峯山。在賈莊與敵激戰終日。

國內

外交部部長郭泰祺、糧食部長徐堪宣誓就職。

國際

法國宣佈對蘇絕交。

南路德軍佔領羅夫。

7月1日
二戰區
本戰區署期進步討論會第一期開學。

古城及南辛店敵向黃崖村進犯，經暫三八師擊退。
國內
浙東敵在玉環南登陸，侵犯坎門。

蘇南敵偽，開始第一期清鄉。
國際
法國宣告與蘇聯斷絕外交關係。

德、義承認汪逆偽組織，我撤回駐德、義兩國使領。

德軍佔盧茲克。

蘇宣布撤退羅夫。

德軍佔領里加。

7月2日
二戰區
敵由汾東調兵千餘再向黃崖進犯。

黑龍關敵竄至孫家溝，被二〇七團擊退。
國際
蘇聯成立中央國防委員會，由史達任委員長。

7月3日
二戰區
敵分兩路侵入黃崖西陽景村，我撤至山上石瓦莊，向敵夾擊，敵將二村焚燒退去。

敵分兩路向鄉寧東之東坡南莊進犯。

266 | 閻錫山故居所藏第二戰區史料 **第二戰區抗戰大事記**（1939-1941）
Historical Documents of the Second Theater in the Yan Hsi-shan's Residence
The Daily Records of the Second Theater in the Second Sino-Japanese War, 1939-1941

國內

坎門鎮敵被我圍擊，登艦退去。

國際

日宣佈外交政策，尊重三國盟約、日蘇協定。

7月4日

二戰區

五台城敵進犯三岔口，東冶敵竄擾國峪口。

國內

英大使卡爾通知郭外長，嗣遠東和平恢復時，英政
府願與中國政府商討取消治外法權，交還租界，並根據
平等互惠原則修改條約。

國際

德軍突破德文斯克，渡過士味拿河。德、羅聯軍渡
越普盧特河，衝入烏克蘭。

7月5日

二戰區

暫四十一師在孝義下吐京村與敵激戰。

國內

華北敵酋多田回國，由岡村繼任。

7月6日

二戰區

廿四軍工兵營由萬泉掩運食糧至蒲子坪，為翟店敵
包圍，激戰兩小時。

國內

　　閩海進犯詔安敵，被我新廿師擊退，我收復分水關。

國際

　　蘇境諾佛格勒、佛林斯克、雷培爾地區展開急戰。

民國史料 60

閻錫山故居所藏第二戰區史料
第二戰區抗戰大事記
（1939-1941）

Historical Documents of the Second Theater
in the Yan Hsi-shan's Residence
The Daily Records of the Second Theater in the Second
Sino-Japanese War, 1939-1941

原　　編　第二戰區司令長官司令部現代化編譯組
編　　輯　民國歷史文化學社編輯部
總 編 輯　陳新林、呂芳上
執行編輯　林弘毅
封面設計　溫心忻
排　　版　溫心忻
助理編輯　劉靜宜

出　　版　開源書局出版有限公司
　　　　　香港金鐘夏慤道 18 號海富中心
　　　　　1 座 26 樓 06 室
　　　　　TEL：+852-35860995

　　　　　民國歷史文化學社 有限公司
　　　　　10646 台北市大安區羅斯福路三段
　　　　　　　　37 號 7 樓之 1
　　　　　TEL：+886-2-2369-6912
　　　　　FAX：+886-2-2369-6990

　　　　　http://www.rchcs.com.tw

初版一刷　2022 年 4 月 30 日
定　　價　新台幣 380 元
　　　　　港　幣 105 元
　　　　　美　元 15 元
I S B N　978-626-7036-85-3
印　　刷　長達印刷有限公司
　　　　　台北市西園路二段 50 巷 4 弄 21 號
　　　　　TEL：+886-2-2304-0488

資料提供：臺北市政府文化局
　　　　　閻伯川紀念會

國家圖書館出版品預行編目 (CIP) 資料

閻錫山故居所藏第二戰區史料：第二戰區抗戰大
事記 (1939-1941) = Historical documents of the
second theater in the Yan Hsi-shan's residence
: the daily records of the second theater in the
Second Sino-Japanese War, 1939-1941/ 第二戰
區司令長官司令部現代化編譯組原編. -- 初版. --
臺北市：民國歷史文化學社有限公司, 2022.04
　面；　公分. -- (民國史料；60)
ISBN　978-626-7036-85-3　（平裝）
1.CST: 中日戰爭　2.CST: 史料
628.5　　　　　　　　　　　111005449